Mathias Hirsch

Die Matthäus-Passion Johann Sebastian Bachs

IMAGO
Psychosozial-Verlag

Mathias Hirsch

Die Matthäus-Passion Johann Sebastian Bachs

Ein psychoanalytischer Musikführer

Psychosozial-Verlag

Bibliografische Information Der Deutschen Nationalbibliothek
Die Deutsche Nationalbibliothek verzeichnet diese Publikation in der Deutschen Nationalbibliografie; detaillierte bibliografische Daten sind im Internet über <http://dnb.ddb.de> abrufbar.

Originalausgabe

Walltorstr. 10, D-35390 Gießen.
Tel.: 0641/96997818; Fax: 0641/96997819
E-Mail: info@psychosozial-verlag.de
www.psychosozial-verlag.de

Umschlagabbildung: Annibale Carracci: »Beweinung Christi«, 1606
Umschlaggestaltung: Psychosozial-Verlag
Satz: Hanspeter Ludwig, Gießen
Druck: Print Group Sp. z o.o., Stettin
ISBN 978-3-89806-755-3

Inhalt

Vorwort

Seit der Adoleszenz ist es mir unmöglich, die Matthäus-Passion ohne heftige Affekte des Trauerns und Mit-Leidens, verbunden mit dem entsprechenden Weinen (vgl. Hirsch 2006b) zu hören, und seit ich den Aufsatz »Wir setzen uns mit Tränen nieder …« von Weimer (1991) gelesen habe, wollte ich meine Gedanken ordnen und mitteilen, die mir und anderen helfen könnten, dieses überwältigende Werk der abendländischen Musik (und der evangelischen Kirchenmusik) ein wenig mehr zu begreifen.

Es wird nie gelingen, Musik mit Worten ganz zu erfassen. So bleibt der Versuch, Musik und ihre Wirkung auf den Hörer mit psychoanalytischem Denken zu verbinden, immer ein relativ vergeblicher. Die Matthäus-Passion, wie die Oper und das Lied, hilft wenigstens, da sie zur Musik den verbalen Text mitliefert, der zum Verständnis der Musik beiträgt. Eigentlich verhalten sich psychoanalytische Psychologie und Musik wie zwei sehnsüchtig Liebende, die einander anziehen, aber nie ganz zusammenkommen und sich verbinden können. Und im Fall dieses Opus Summum der abendländischen Kirchenmusik begehren auch noch Musikwissenschaft und Theologie, sich dem Objekt ihrer Sehnsucht zu nähern, je von verschiedenen Seiten und mit verschiedenem Erfolg. Also werde auch ich mich meinem Ziel nur wenig nähern und mich dabei auch nicht abgrenzen können von musikwissenschaftlichen und theologischen Gedanken und Befunden – im Gegenteil, ich werde diese für meine Zwecke oder um dem monumentalen Werk überhaupt nahe zu kommen, verwenden müssen.

Ich danke wieder Bianca Grüger für die Mühe am Computer und besonders für die Herstellung der Abbildungen der vielen Notenbeispiele.

Mathias Hirsch, Hägi-Hütte, Buchebrunnen (Vorarlberg), im Juli 2007

1 Einleitung

> »Wenn wir Bach hören, sehen wir Gott aufkeimen, sein Werk ist gottheitgebärend. Nach einem Oratorium, einer Kantate oder einer Passion muss er existieren«
> (Cioran 1937, S. 41).

Die 1727 (vgl. Platen 1991, S. 26) uraufgeführte Matthäus-Passion Johann Sebastian Bachs ist eines der bedeutendsten Werke der Musikgeschichte:

> »Die ›große Passion‹ übertraf in jeder Hinsicht Bachs übrige Vertonungen der biblischen Passionsgeschichte, aber im Hinblick auf formale Dimensionen, den für die Aufführung erforderlichen Aufwand, kompositorische Meisterschaft und technische Bravour sowie durch ihre mächtige, mitreißende Ausdruckskraft ließ sie überhaupt alles hinter sich, was im Bereich der geistlichen Musik damals üblich oder auch nur vorstellbar war« (Wolff 2000, S. 310f.).

Albert Schweitzer (1908, S. 590) ist überzeugt, dass sie ein »Wunderwerk« ist. »Charles S. Terry nannte sie ein ›Riesenwerk‹, Arnold Schering eine ›gigantische Schöpfung‹, Julien Tierssot verglich sie mit dem Gipfel der französischen Kirchenbaukunst, mit Notre-Dame in Paris, und Malcolm Boyd bezeichnete sie als das ›überwältigendste dramatische Meisterwerk vor Wagners *Ring des Nibelungen*‹« (Platen 1991, S. 13).

Das traditionelle Verständnis der Matthäus-Passion umreißt Platen (1991, S. 66) in schlichten Worten:

> »Der Unschuld des Gottessohnes steht die Schuld des Menschen gegenüber. Der Heiland ist aus Liebe bereit, die Strafe, die der Mensch für seine Sünden zu gewärtigen hat, auf sich zu nehmen. Die Sühne ist die Passion, das Leiden, der Tod am Kreuz. Durch diesen Wechsel der Verantwortlichkeit wird der Mensch frei von den Banden seiner Sünden. Die Freude über seine Erlösung ist aber zugleich durchsetzt mit Trauer über die Leiden des Erlösers.«

Trotz schwindendem Gefühl der Zugehörigkeit zu Kirche und Religion bleibt das Interesse an Bachs geistlicher Musik groß oder steigert sich sogar. Fast ritualisiert »pilgern die Konsumenten nachgerade massenhaft in Aufführungen der Bachschen Matthäus-Passion«, stellt Weimer fest (1991, S. 222) und fragt, ob da nicht etwas zu finden sei, »das die Predigt des Wortes nicht mehr zu vermitteln vermag«. Helmuth Rilling (1984), einer der großen Bach-Interpreten des späten 20. Jahrhunderts, fragt: »Warum ist Johann Sebastian Bachs Musik für uns heute von so großem Interesse? Weshalb hören sie und beschäftigen sich mit ihr Menschen aus völlig verschiedenartigen nationalen, konfessionellen, religiösen, ja ideologischen Bereichen?« Blumenberg (1988, S. 9) spricht von der »impliziten Bachgemeinde«, dem »impliziten Hörer«, um den zeitgenössischen Hörer zu bezeichnen, der sowohl mit den christlichen Mythen nicht mehr vertraut ist, als er auch die historisierende Verwissenschaftlichung des Neuen Testaments nicht kennt, vielmehr unvoreingenommen das Erlebnis des Hörens der Passionsmusik aufsucht. Man muss auch die Angehörigen nichtchristlicher Kulturen einbeziehen, die der Faszination christlicher Kirchenmusik erliegen; man denke an das Phänomen der hervorragenden Interpretation der Bach-Kantaten durch Masaaki Suzuki mit seinem Bach-Kollegium-Japan, »das bei der musikalischen Erarbeitung des Zyklus auch dessen geistige Substanz erforschte, sodass einige seiner Mitglieder zum Christentum übertraten« (Schreiber 2005).

Christlicher Glaube ist keine Voraussetzung, um von diesem herausragenden musikalischen Drama überwältigt zu werden. Friedrich Nietzsche schrieb am 30.04.1870 an Erwin Rhode: »In dieser Woche habe ich dreimal die Matthäuspassion des göttlichen

Bach gehört, jedes Mal mit demselben Gefühl der unermesslichen Verwunderung. Wer das Christentum völlig verlernt hat, der hört es hier wirklich wie ein Evangelium.« Und Karl Liebknecht empfahl 1917: »Ihr sollt die Matthäuspassion hören – in klassischer Aufführung! Das wundervollste Werk auf dem Gebiet des Oratoriums [...]. Durchblickt man das Zaubergewebe, ist man ganz berauscht von Seligkeit« (Rueger 1993, S. 152). Der Komponist Hans Werner Henze (1983) bringt es auf den Punkt:

> »Die Musik Johann Sebastian Bachs hat schon in ihrer Zeit, und dann in besonderem Maße seit ihrer eigentlichen Entdeckung durch die Romantik, auf die menschliche Seele, besonders auf die Seele der Deutschen, eine Wirkung ausgeübt, die immer noch zu wachsen scheint und in immer neuen Formen und Lesarten sich manifestiert [...]. Mit einem Realismus sondergleichen ist da eine schmucklose Universalsprache entstanden, und es werden mit ihrer Hilfe und Vermittlung menschliche Gefühle und Zustände dargestellt, in denen sich – erst heute können wir es so sehen und reflektieren – nicht mehr allein die traditionelle christlich-bürgerliche Hörerschaft als Gemeinde erkennt, sondern gerade der moderne, einsam-zweifelnde Mensch, dem der Glaube abhanden gekommen ist, der keinen festen Halt in der Gesellschaft weiß, und der die größte Zeit seines Lebens sozusagen ›ohne den Segen der Kirche‹ zu verbringen hat.«

In der Matthäus-Passion finden sich sehr häufig Darstellungen gegensätzlicher Inhalte, die gleichzeitig vorgestellt werden, »antithetische Konstruktionen, Aporien« (Hermann 2006, S. 48), die sich entweder im Text der Dichtung selbst finden oder aber auf Text und Musik verteilt. Das entspricht natürlich dem Doppelcharakter der Passionsgeschichte: Trauer über den Tod und Schuld an ihm, der gleichzeitig die Erlösung von der Sünde bedeutet. Man kann es so formulieren: schuldhaftes Zerstören des Liebesobjekts, das wiederhergestellt wird (Auferstehung), verbunden mit der Tilgung der Schuld; oder Zerstörung des »Objekts«, dann Wiederherstellen des »Subjekts«, besonders durch Darstellung der Traueraffekte und anschließendem Trost durch die Musik; das ist Weimers (1991) These. Trauer und Freude bedingen sich dialektisch; Christi Tod ist »bitter und süße« zugleich, Jesus Christus ist Opfer und Herrscher. Oft drückt die Musik Schmerz oder das Böse aus, während der Text zuversichtlich Positives beschreibt (z.B. Nr. 20: »Ich will bei meinem Jesu wachen«). Der Schlusschor löst die Trauer nicht auf, die Tränen bleiben, Musik und Text drücken aber Trost und geradezu Heiterkeit aus. Oder die Doppeldeutigkeit findet sich in der Musik selbst, als Beispiel sei der Ripieno-Choral des Eingangschors (»O Lamm Gottes unschuldig […], all' Sünd hast Du getragen, sonst müssten wir verzagen«) genannt, der die Moll-Klagen des Chors mit strahlendem, zuversichtlichem Dur begleitet und darüber hinaus die Unschuld bezeichnet. Und so schreibt Hermann (2006, S. 43) über die Matthäus-Passion: »Sie ist entschieden ambivalent, indem sie einerseits eine Musik des Schmerzes ist und andererseits aber auch eine große Liebeserklärung darstellt: Eine Liebeserklärung Gottes an die Menschen und eine mitleidsvolle Liebeserklärung der Menschen an den leidenden Gottessohn.«

2 Der Aufbau des Werks

Der Karfreitagsgottesdienst war für Bach die einzige Möglichkeit, ein derart stark besetztes, doppelchöriges Werk wie die Matthäus-Passion zu konzipieren. Denn im Leipzig der Bach-Zeit bestritten die Thomas- und die Nicolai-Kirche im Jahreswechsel die Karfreitagsmusik. In der jeweils anderen fand dagegen kein musikalischer Gottesdienst statt, sodass Bach über alle vorhandenen Musiker und Sänger verfügen konnte. Zudem konnte er, anders als bei der früher komponierten Johannes-Passion, mit einem handwerklich versierten, wenn auch nicht unbedingt begnadeten Dichter, Christian Friedrich Henrici, alias Picander, zusammenarbeiten.

Der Text ist aus drei Quellen gespeist: Er besteht aus der Passionsgeschichte nach Matthäus in der Übertragung Martin Luthers, vorgetragen vom berichtenden Tenor in Form des Secco-Rezitativs (d.h. des nur vom Basso continuo begleiteten), einigen Akteuren des Dramas, den »Soliloqenten«, sowie Choreinwürfen (»Turbae«, d.h. »Haufen« des Volks). Des Weiteren kontemplative oder dramatische spätbarocke Dichtungen Picanders, entweder in Form von vom Orchester begleiteten Rezitativen oder von Solo-Arien, beide meist paarweise angeordnet. Texte Picanders sind auch als freie Chorsätze komponiert, diese stehen am Anfang (Eingangs-) und am Ende (Schluss-Chor) des Werks, während der erste Teil mit dem kunstvoll auskomponierten Choral »O Mensch, bewein dein Sünde groß« endet. Die dritte Textform ist der protestantische Choral (allein fünf Strophen des Chorals »O Haupt voll Blut und Wunden« von Paul Gerhardt, 1658; vgl. Hermann 2006, S. 43f.), der die Gemeinde der Gläubigen repräsentiert und das Geschehen sozusagen in die Gegenwart der Zuhörer holt, die durch die allgemein bekannten Choraltexte direkt mit einbezogen werden (zeitweise wurden die Choräle von der Gemeinde während der Aufführung mitgesungen).

In den Arien, Chören und frei gestalteten Rezitativen (»Motiv-Accompagnati«, Platen 1991, S. 85) kommen entweder an der Passionsgeschichte handelnd beteiligte Personen zu »Wort«, oder es werden das Geschehen begleitende Betrachtungen angestellt; so artikulieren sich fiktive Anhänger Jesu Christi und auch die »gläubige Seele«. Diese Vielfalt der Personen auf verschiedenen Handlungsebenen lädt zu verschiedenartigen Identifikationen ein, z.B. jenen des Mitleidens, der Schuldanerkennung, des Treuebekenntnisses (Jesus nicht zu verlassen), des Selbst-Verlassen-Seins. Ich denke, auch der »nachchristliche« (Blumenberg 1988, S. 223)

Hörer kann aufgrund der einen oder anderen Identifikation vom Geschehen zutiefst ergriffen werden, weil die Passion allgemeine Dimensionen des menschlichen Lebens und der Beziehungen in ihm in metaphorischer Weise dramatisiert, insbesondere Schicksale der Eltern-Kind-Beziehung, Objektverlust und Trauerprozess; Scham, Schuld, Reue, Vergebung; Versöhnung und Wiedervereinigung; schließlich Anerkennung des eigenen Todes.

3 Einleitende psychoanalytische Gedanken

Aus psychoanalytischer Sicht kann man die Matthäus-Passion als Beziehungsdrama verstehen, in dem Schicksale von Liebe (wenn auch nicht sexueller Natur, eher geht es um Treue, Anhängerschaft, Fürsorge), von Versagen in ihr (durch Verlassen und Verraten des Liebesobjekts), aber auch von Verlassen-Werden (Jesu durch den Vater, der Gemeinde durch Jesus) und damit der Entstehung von Schuld in Beziehungen und ihrer Milderung oder Verarbeitung durch Reue und Versöhnung (denn eine völlige Aufhebung der Schuld ist ja nicht möglich) behandelt werden. Die Matthäus-Passion ist auch ein großartiges Beispiel für Trauerarbeit (Freud 1917e), die weniger explizit durch den Text als vielmehr implizit durch die vielfältigen Ausdrucksformen für Affekte durch die Musik mehr vorbewusst als bewusst erfolgt.

Angesichts der Matthäus-Passion packt jeden Hörer eine globale Identifikation mit der conditio humana: Leiden ist unvermeidlich, wir werden alle immer wieder alleingelassen und lassen allein, jeder Mensch ist unschuldig und schuldig zugleich. Und wie das Leben unbegreiflich, ist es auch sein unvermeidliches Ende: der Tod. Unschuldig kommen wir durch rätselhaften Zufall auf die Welt, das Kind wird prinzipiell und unvermeidlich zu Opfern der Eltern, der Familie, der Gesellschaft (vgl. Hirsch 2006a), nur von Fall zu Fall graduell verschieden stark, zu Opfern durch Schuld der Eltern, die allerdings keine große Wahl haben. Dieses Kind wird wieder schuldig an seinen Mitmenschen, seinen eigenen Kindern. Das ist der Kern der Matthäus-Passion – Gott unschuldig-schuldig, der Gottes- oder Menschensohn unschuldig, der Mensch unschuldig-schuldig (die Jünger bis hin zu Judas, dem scheinbar wirklich Schuldigen, dem gruppendynamisch gesehen die allgemeine Schuld der Anderen gleichsam konzentriert auf die Schultern gepackt wird).

Divergente psychoanalytische Theorien gehen das Problem unvermeidlicher Täterschaft gegen den Nächsten, die Beziehungsperson oder gar das Liebesobjekt von entgegengesetzten Seiten an: Freud hielt den Menschen insofern für schuldig, als er der Aufgabe nicht gewachsen ist, seine im Grunde biologisch begründeten Triebkräfte (Sexualität und Aggression) mit den Forderungen der sozialen Gemeinschaft, des Zusammenlebens mit anderen, letztlich der Kultur (Freud 1930a), zu vereinbaren. Gelingt es ihm nicht, diesen Basis-Konflikt zu lösen, kommt ein pathologischer Abwehrprozess (u.a. Verdrängung) in Gang, der in die Neurose, die psychische Störung mündet. Freud lenkte sein Augenmerk auf die eine Seite des Konflikts: die Triebkräfte. Die andere – die tatsächliche Beschaffenheit der sozialen Umgebung und ihr Einwirken auf das sich entwickelnde Kind – interessierten ihn weniger.

Die Begründerin einer bedeutenden Richtung der Psychoanalyse, Melanie Klein, sah diesen Konflikt bereits im Zentrum der Entwicklung des Säuglings, der seine extremen aggressiven Triebkräfte (nicht die sexuellen) durch »Projektion« gerade auf den lebensnotwendig gebrauchten Menschen, die Mutter, bzw. ihr ebenso wichtiges Organ, die Brust, zu bewältigen sucht. So wird die Mutter als Verfolgerin erlebt, und die entstehende Angst (die eigentlich als eine vor der eigenen Triebhaftigkeit verstanden wird) muss wieder durch massive Abwehrmechanismen (insbesondere Spaltung der Objekte in nur gut und nur böse und projektive Maßnahmen) in Schach gehalten werden. Solange der Säugling das nötig hat, befindet er sich in der »paranoiden Position«; entwickelt er sich glücklich aus dieser hinaus, erreicht der die »depressive Position«. Nun ist er zu Schuldanerkennung, Reue, auch zur Besorgnis (Winnicott 1963) über das Wohlergehen des Liebesobjekts fähig.

Für die andere Art des psychoanalytischen Herangehens an Schicksale der Objektbeziehung steht Sándor Ferenczi (besonders 1933), der in der intensiven Arbeit mit schwerer gestörten Patienten zunehmend die Einsicht gewann, dass nicht das Individuum allein verantwortlich ist, schon gar nicht ein im Kind begründeter Triebkonflikt an der Wurzel des Unglücks und der Psychopathologie des Erwachsenen liegt, sondern die inadäquate und im Extremfall traumatisierende Einwirkung der sozialen, zuerst der familiären Umgebung sowie die Reaktion des Kindes auf diese Beziehungserfahrung. Zur Bewältigung pathogener Beziehungserfahrungen sollen Abspaltungen (Dissoziation) von Persönlichkeitsanteilen dienen, an die die traumatischen Erfahrungen gebunden bleiben, sodass das übrige Selbst besser überleben kann. Ferenczis besonderes Verdienst war es, auf die »Introjektion«, das Hineinnehmen der Gewalt in das Selbst, hingewiesen zu haben. Verkürzt kann man sagen, dass gemäß Melanie Klein das Böse im Kind nach außen »projiziert« wird, während nach Ferenczi das Böse zuerst außen ist und vom Kind in sich aufgenommen, »introjiziert« wird. In diesem Modus wären erst einmal die Erwachsenen schuldig bzw. zumindest verantwortlich, wenn es auch das Kind durch die introjektive Identifikation vorzieht, sich schuldig zu fühlen, da es doch die Erwachsenen lebensnotwendig braucht, und zwar als ausreichend gute. Wegen dieser »Identifikation mit dem Aggressor«, auf die Ferenczi (1933) als erster hingewiesen hat, fühlt sich jedes Opfer, auch eines extremer politischer oder andersartiger Gewalt, schuldig, während der Täter jede Schuld von sich weist (vgl. Hirsch 1997).

Diese psychodynamischen Mechanismen der Identifikation, mit deren Hilfe Gewalt und traumatischer Schmerz insbesondere aufgrund von Verlusten und Trennungen bewältigt werden sollen, lassen sich in der Matthäus-Passion finden und sollen hier schon einmal kurz aufgezeigt werden:

1. Identifikation mit dem empört und betroffen sich Wehrenden, der das Unheil aufhalten will: Ein Jünger greift zum Schwert, um Jesus zu verteidigen. Zur Identifikation laden besonders die durch die Barockdichtung geschaffenen fiktiven Zeugen ein, die sich entsetzt zu wehren versuchen, was in den begleitenden Rezitativen und den Arien ausgedrückt wird: »Lasst ihn, haltet, bindet nicht [...]« oder »Gebt mir meinen Jesum wieder!«
2. Identifikation mit Jesus als Leidendem, vom Vater Verlassenem: Alle Kinder sind in gewisser Weise verlassen worden, jeder Hörer kann sich mit diesem Jesus identifizieren.
3. Identifikation mit den am Tod Jesu Schuldigen: Das ist die Identifikation mit dem Aggressor nach Ferenczi: Es ist doch Gott, der seinen Sohn opfert (vgl. Blumenberg 1988) – aber der Mensch, das Kind fühlt sich schuldig. Und: Jesus verlässt den Gläubigen (das Kind), der (das) sich dafür die Schuld gibt. (Diese Sicht mag den Theologen haarsträubend erscheinen, aber hier geht es nicht um Interpretationen des Evangeliums, sondern um teils unbewusste Vorgänge im Hörer.)

4. Die Identifikation mit einer Rollenumkehrforderung (Parentifizierung): D.h. das Kind soll für die unzureichenden Eltern sorgen und für sie Mutterfunktion übernehmen, und es verspricht sich einen Gewinn, da es – unrealistischerweise – glaubt, die von ihm restituierten Eltern könnten später wieder genügend gute Eltern für es selbst sein. In der Matthäus-Passion finden sich in der Dichtung Picanders und in den Chorälen sehr häufig Willensbekundungen des naiven Gläubigen, der beteuert: »Ich will …«, nämlich bei Jesu wachen, bei ihm stehen, sein Kreuz tragen – kindlich naiv, denn es ist ja doch nicht möglich.

Die Matthäus-Passion inszeniert das menschliche Drama von Unschuld und Schuld, und sie zeigt einen Ausweg, wie immer religiös oder theologisch verstanden, durch die Realisierung psychisch-affektiver Dimensionen in der Musik, hin zu einer gewissen Versöhnung mit dem Mensch-Sein, die die Gemeinde der Hörer fürs erste tröstet und eint.

4 Die Musik

Für Blumenberg (1988, S. 45) ist es wichtig, dass die Musik, also die Vertonung, den Text (nach Jahrhunderten der exegetischen Zergliederung) wieder zum Ritus macht, keine theologischen Fragen mehr zulässt; die Passion sei von »theologischer Großzügigkeit«. Bach verstärke den »Realismus« jenseits von theologischen Spekulationen (ebd., S. 56). Die Musik begleitet den Text, die Musik illustriert den Text, gibt ihm Nachdruck und Farbigkeit. Die Dynamik der Dichtung spiegelt sich in Struktur und Dynamik der musikalischen Begleitung wider, sie ist die »musikalische Realisierung des Textes« (Haesler 1993, S. 380). Musikerfahrung geht aber weit über eine solche Begleitfunktion hinaus. Albert Schweitzer (1908, S. 596) staunt: »Immer wieder fragt man sich, was denn an diesen Tönen ist, dass sie das Geheimnisvolle und Unaussprechliche der heiligen Stimmung, die uns bei dem Gedanken an die Kreuzabnahme überkommt, so wiederzugeben vermögen.« Eggebrecht (1997, S. 18) fragt in Bezug auf die Matthäus-Passion:

> »Bachs Matthäus-Passion ist zum Inbegriff geistlicher Vokalmusik geworden. Worauf gründet diese Geltung? Wie erklärt sie sich? Auf welchen Fakten und objektivierbaren Eigenschaften des Werkes beruht die unversiegbare, unerschöpfliche Kraft seiner Wirkung? [...] Der erste Faktor der Wirkungskraft [...], der alles beherrscht und entscheidet, ist die ästhetische, die sinnliche Qualität der Bachschen Kompositionskunst. Gemeint ist das Bachsche musikalische An-Sich, das für alle Werke von Bach Geltung hat [...]. Begriffe für das musikalische An-Sich des kompositorischen Vermögens sind: Die sinnliche Schönheit der melodischen Erfindung, das Unübertreffbare des harmonischen Reichtums, die Unerschöpflichkeit der formalen Konzeption, die Tiefsinnigkeit des musikalischen Denkens. Mit einem Wort: der exzeptionelle Reichtum an sinnlich-sinnhaltiger Information.«

Eine Vielzahl von Autoren hat der Musik präverbale, körpernahe Eigenschaften bzw. Funktionen in dem Sinne nachgewiesen, dass sie die frühe, vorsprachliche, vorsymbolische Beziehung zum Primärobjekt repräsentiert. Bereits Racker (1951) traut der Musik nicht nur zu, »das gute Objekt wiederzuerlangen, sondern [sie] repräsentiert auch das gute Objekt selbst« (zit. bei Leikert 2001, S. 50f.). Imre Hermann (1970), Klausmeier (1986), Maiello (1999), Leikert (2003) und Oberhoff (2005), um nur einige zu nennen, sehen Musik als verbindendes Medium zwischen Fötus und Mutter in vorgeburtlicher Zeit. Musik ist auf der Stufe der präsentativen

Symbole angesiedelt, ist ein »unvollendetes Symbol« (Langer 1965; zit. bei Weimer 1991, S. 224), sodass sich eine direkte Verbindung zum präverbalen Objektbeziehungsniveau denken lässt. Im Zusammenhang mit der Verwendung tonsprachlicher Symbolik (Katábasis und passus duriusculus im großen Choral Nr. 29: »O Mensch bewein dein Sünde groß«, Takt 30 in der Bass-Stimme) fragt Eggebrecht (1997, S. 30): »Hört man das – bzw. versteht man das im Bachschen Sinne? Der Unbefangene, das heißt der nicht-orientierte Hörer hört das – wie ich es nenne – ästhetisch, das heißt sinnlich, nämlich als eine im Sinnlichen verbleibende Information, die die Musik und das Hören bereichert.« Genau das ist mit »präsentativem Symbol« gemeint; im Zusammenhang mit der Wirkung des beständigen »Achtelfluss[es] des 12/8-Takts« des Eingangschors spricht Eggebrecht (1997, S. 40) vom »Akt der ästhetischen Identifikation«.

Begünstigt wird die sinnlich-körperliche Erfahrung des Hörens durch die besondere Dramatik der Matthäus-Passion. Eidam (1999, S. 223) sieht in diesem Zusammenhang Bachs Passionsmusik als »Riesenschritt« in der Entwicklung der Oratorienmusik:

> »Es war nicht die Musikdramatik von Händels späten Oratorien […]. Bachs Musik ist nicht szenische Musik, sondern in sich und aus sich selbst dramatisch, und das keineswegs nur bei jenen Stellen voller Erregung, wie dem ›Kreuzige‹-Chor oder der knappen

> Schilderung, wie der Vorhang im Tempel zerriss. Sie bringt keine Verklärung, ist in all ihrer Schönheit keine ›schöne Musik‹, sondern zwingt zum Miterleben [...], weil sie nicht auf einer Bühne, sondern in der Seele des Hörers das große Geschehen lebendig macht. Damit aber unterschied sie sich von allem, was man bisher in Leipzig an Passionsmusik zu hören bekommen hatte.«

Dramatik ist nicht so sehr szenisch gemeint, vielmehr als »ein wichtiges Mittel der Vergegenwärtigung, das nun hier schon in dem Evangelienbericht vorgebildet ist, durch den Szenenaufbau des Berichts, die zahlreichen direkten Reden und Dialoge der handelnden Personen, die Zuspitzung des Geschehensverlaufs und durch die Momente der Hoffnung auf eine Konfliktlösung entgegen der Katastrophe: ›Und wenn ich mit dir sterben müsste, so will ich dich nicht verleugnen‹ – ›Und zog sein Schwert aus und schlug [...]‹ – ›Und fanden keins‹ (kein falsches Zeugnis) – ›Habe nichts zu schaffen mit diesem Gerechten‹ – ›was hat er denn Übles getan?‹« (Eggebrecht 1997, S. 20f.).

Auch Hermann (2006, S. 49f.) meint Ähnliches, wenn sie schreibt:

> »Aus diesem inneren Sehen entsteht etwas, was für Lessing in seinem *Laokoon* später als Mitleidsästhetik so wichtig sein wird, das Nachempfinden des Schmerzes des Gegenüber. Dies erweist sich

> vor allem in den Arien, die eine Bewegung zeigen, die sich durch die ganze Passion zieht: Aus Jesu Leiden wird der Schmerz derer, die sein Leid gesehen haben und nachempfinden. [»Nachempfinden« ist der Affekt in der Identifikation, M.H.] Der Hauptakzent des Schmerzes in der Matthäus-Passion liegt darauf: Es ist nicht unmittelbar der Schmerz Jesu, der gezeigt wird, sondern dieser Schmerz präsentiert sich mittelbar in den Texten und Tönen derer, die ihn sehen und mitteilen. Daraus aber wird deren eigener Schmerz und womöglich auch der der Zuhörer.«

Leikert (2001, S. 54) bezieht Musik unmittelbar auf erlebte Körperspannungen. (Ich möchte ergänzen, nicht nur Spannungen, sondern auch verschmelzende Glücksgefühle, die unter Umständen besonders auch beim gemeinsamen Musizieren mit anderen wiederbelebt werden können.) Auch denke ich, dass Musik ein »linking object« (Volkan 1972), eine übergangsobjektartige Verbindung auch zu wichtigen Bezugspersonen sein kann, z.B. Verluste wichtiger Objekte mildern und überwinden helfen kann. So schreibt Lipson (2006, S. 859): »Musik, die im Bewusstsein präsent ist – es muss keineswegs eine spezifische Melodie sein –, kann als ein beschützender, omnipotenter elterlicher Begleiter erfahren werden und so als Wächter gegen Gefahr und die schmerzliche Einsamkeit nach Trennung und Verlust dienen« (Übers. M.H.).

Der Gedanke, dass die Musik nicht nur ein Mutter-Objekt repräsentiert, sondern auch die beruhigende Funktion einer Mutter haben kann, scheint naheliegend. Folgende Überlegungen sollen erläutern, wie ich mir darüber hinaus vorstelle, dass Musik auch eine therapeutische, wenigstens kathartische Funktion haben kann, wenn der Schutz durch die Mutterfigur in der Vergangenheit einmal versagt hatte. Ist der Schmerz eines Säuglings oder Kleinkinds angesichts eines Verlusts, sind Angst und Wut aufgrund traumatischer Verletzungen zu groß, als dass sie ertragen werden könnten, werden sie abgespalten und in einem impliziten, traumatischen, auch Körper-Gedächtnis abgelagert, unzugänglich; die Tränen, die geweint werden müssten, werden nicht geweint. Eine solche Abwehr ist umso mehr notwendig, als kein Begleiter, kein Zeuge anwesend ist – ein Kind kann einen Verlust nur betrauern, wenn es die hinterbliebenen Erwachsenen auch können, ihm darin Vorbild und Stütze sind (Schepker et al. 1995), von zeugenlosen traumatischen Übergriffen zu schweigen. Das ist dementsprechend eine Funktion jeder Psychotherapie, die Zeugenschaft und das haltende Verstehen, das »holding« (vgl. Hirsch 2004). Das darüber hinaus gehende »containing« hat die Aufgabe, die unerträglichen psychosomatischen, überwältigenden, angsterregenden Zustände dadurch zu mildern, dass die Mutter-Person sie erkennt, in sich aufnimmt und »verdaut«, also modifiziert, dem Kind zurück kommuniziert, es zugleich in seiner Angst bestätigt, aber durch die Mitteilung der relativen Harmlosigkeit des Angsterregenden beruhigt (zuletzt haben die Container-Funktion Fonagy und Target [2000] eindrucksvoll beschrieben). Nun erst ist das Kleinkind in der Lage, die seinem Zustand adäquaten Gefühle zu entwickeln, da sie nun auszuhalten sind. Ist der Gedanke nicht naheliegend, dass auch bestimmte Musik solche Container-Funktion haben kann? Wenn sie das »gute Objekt« sein kann, wie Racker meint, dann ist sie anwesend; und wenn sie an Affekten ausdrückt, und zwar in verträglicher Milderung, was der Text und der Hörer nicht aushalten können, ist sie vielleicht ein Vorbild, dem der Hörer nachzueifern Mut findet und so Zugang zu den eigenen verschütteten Affekten bekommt. So ist es kein Zufall, dass Eggebrecht (s.o.) das unmittelbar Sinnliche betont und dass Hans Werner Henze (1983) eine sehr körpernahe Schilderung seiner frühen Erfahrungen mit der Matthäus-Passion erzählt:

> »Im Weinen und Greinen der Oboe d'amore und der Schalmeien erkennen wir unser eigenes Weinen und Greinen wieder, als wir Kinder waren, und später auch noch hat es in uns so getönt, und wenn wir hungrig waren und uns so fror in den grauen nördlichen Kirchenschiffen, wo die Lust und Qual der Sünden und der Sünder durch die Toccaten und die Choräle hindurch unserer Psyche sich offenbarten, Oh Lamm Gottes, Trost und Strafe, Buß und

> Reu, Sein und Pein. Diese Musik vergibt uns armen Teufeln, sie verspricht uns neue Lust, sie weint für uns mit allen Seelen. Wir setzen uns mit ihr, zu ihr, mit Tränen nieder.«

Ähnlich Adorno (1928, S. 36; zit. in Haesler 1993, S. 397), der drastisch den Zugang der Musik zum Körper, dem Weinen nämlich, beschreibt, ohne dass »die Seele« erst gefragt würde:

> »Vor Schuberts Musik stürzt die Träne aus dem Auge, ohne erst die Seele zu befragen: So unbildlich und real fällt sie in uns ein. Wir weinen, ohne zu wissen warum; weil wir so noch nicht sind, wie jene Musik es verspricht, und im unbenannten Glück, dass sie nur so zu sein braucht, dessen uns zu versichern, dass wir einmal so sein werden. Wir können sie nicht lesen; aber dem schwindenden, überfluteten Auge hält sie vor die Chiffren der endlichen Versöhnung.«

Kann die Musik eine solche Wirkung entfalten – am Kognitivum und der Ratio vorbei, die sie nicht fragt –, wird sie nicht bloße Textbegleiterin bleiben. In Bezug auf Schubert als Liederkomponist schreibt Haesler (1993, S. 380):

> »Damit konnte er völlig neue, eigenständige Möglichkeiten der musikalischen Realisierung des Textes erschließen, wodurch das Lied, dessen Musik, als Ausdruck und Deutung der Sprache zutiefst über sie hinauszuweisen vermag, indem die Musik ihre Be-

> zogenheit auf den Text zwar nicht verleugnet, den Text allerdings musikalisch in völlig andere Dimensionen der Ausdrücklichkeit transzendiert, Dimensionen, die mit der Sprache allein nicht zu erreichen und zu vermitteln sind.«

In Worten ist schwer wiederzugeben, wie musikalische Mittel, die keinesfalls nur Tonmalerei bleiben, vielmehr »indexiale Qualität musikalischer Bedeutung im Sinne eines *ikonischen Index*« (ebd., S. 386) haben, überhaupt wirken. Man kann die Mittel beschreiben, z.B. welche Bedeutung Rhythmen haben, melodische Führungen, harmonische Wendungen, Dur-Moll-Verwandlungen, aber ihre Beschreibung erklärt nicht ihre Wirkung.

Für die Matthäus-Passion, wie überhaupt für das geistliche Werk Bachs, hat Schweitzer (1908) eine Vielzahl von musikalischen Figuren identifiziert, z.B. ein Schmerzmotiv, das dem Passus duriusculus (dem harten Gang) der Barockmusik entspricht, eines des »edlen Schmerzes« (ebd., S. 591) gar in der Begleitung des großen Choralchores, der den ersten Teil beschließt. (Es gibt auch einen Saltus duriusculus, einen Schmerzenssprung; über falsche und in der Barockmusik eigentlich verbotene Intervalle, die prekäre Situationen bezeichnen, vgl. ausführlich Eggebrecht 1997.) Fallende, niedersinkende Motive (Katábasis) können die Grablegung begleiten; ebenso die Aufforderung des Volks, Jesus könne doch vom Kreuz herabsteigen, wenn er den Tempel Gottes zerbrechen und ihn in drei Tagen wieder errichten könne [...]. Schwere Schritte, schwebende Schritte (ebd., S. 594) werden mit musikalischen Mitteln dargestellt, ein Seufzermotiv (gebundene Achtel- oder Sechzehntelnoten), auch ein Schreckensmotiv, besonders, wenn es um die affektive Interpretation der Berichte über Naturgewalten geht (Blitze und Donner sollen den falschen Verräter, das mörderische Blut, zertrümmern und verschlingen nach der Gefangennahme Jesu [Nr. 26]; auch das Erdbeben nach Jesu Tod [Nr. 63a]). Tränen der Trauer und besonders auch der Reue (Hirsch 2006b) findet Schweitzer vielfach in der Musik repräsentiert: »Ergreifendes Schluchzen« (ebd., S. 597) in den Arien »Buß und Reu« und »Blute nur, du liebes Herz«; hier begleitet Bach die »Tropfen meiner Zähren« mit Stakkato-Sechzehnteln; eine Wellenbewegung zeichnet Tränenfluten im Arioso »Wiewohl mein Herz in Tränen schwimmt«.

Wenn ich ein solches kompositorisches Vorgehen beschreibe, gerate ich in Gefahr, allzu banal und trivial zu vermitteln, was mir doch als bedeutsames, heftigen Affekt hervorrufendes musikalisches Mittel in lebendiger Hör-Erinnerung präsent ist. Ich denke, dass auch konventionelle Zeichen, mit denen die Barockmusik Affekte sozusagen routiniert nachahmte, bei Bach nicht nur Affekte ausdrücken, sondern sie im Hörer hervorrufen, wie es das bloße Wort nicht kann. Ebenso gilt dies für die ad hoc gefundenen illustrierenden Wendungen, die die eigentlich schlichte Untermalung der Worte »und alsbald krähete der Hahn« nach Petri Verleumdung Tränen hervorrufen, weil in ihnen wohl die ganze entsetzliche Erkenntnis Petri enthalten ist, Jesus verraten zu haben, zusammen mit der Erinnerung an die Voraussage Jesu, er werde ihn verraten. Erzeugt Bach Stimmungen (Schweitzer nennt »Am Abend, da es kühle ward«, verbunden mit dem »stillen Frieden des herniedersinkenden Dämmerns«, und »Mache dich, mein Herze, rein«, in welcher Arie eine »überschwengliche und doch wieder ruhig heitere Freude« ausgedrückt wird), so bleibt es Schweitzer ein Rätsel, wie diese Wirkung erzeugt werden kann: »Immer wieder fragt man sich, was denn an diesen Tönen ist […]« (ebd., S. 596).

Den Text begleitende musikalische Figuren werden meist konkordant sein, dem Inhalt des Textes entsprechen. »Der Heiland fällt vor seinem Vater nieder« wird mit einem fallenden Motiv begleitet, die Grablegung ebenso. Das Krähen des Hahns wird dezent imitiert; es gibt sehr viele Beispiele dieser Art. Die erschütternde Frage Jesu: »Eli, Eli, lama asabthani?« steht in b-Moll, die Übersetzung: »Mein Gott, mein Gott, warum hast du mich verlassen?«, gar in es-Moll, und auch der musikalische Laie erkennt bzw. fühlt die durch die entlegenen Tonarten ausgedrückte hoffnungslos herabgestimmte Verzweiflung des Gekreuzigten. Weimer (1991) bemerkt, dass die Trauertonart e-Moll Teil Eins und zwei Drittel des zweiten Teils der

Passion beherrscht, während die »Todesschatten«-Tonart c-Moll das letzte Drittel bestimmt. Das wird der Hörer meist nicht bewusst wahrnehmen können, aber eine Wirkung auf ihn haben und eine Spannung erzeugen, wie der »Todesschatten« denn zum Schluss aufgelöst, womöglich in einen Trost verwandelt wird.

Oder die musikalische Figur verhält sich zum Text diskordant, enthält etwas Gegensätzliches und drückt es gleichzeitig als erweiterte Mitteilung aus, im Sinne einer »antithetische Konstruktion« (Hermann 2006). Als Jesus Petrus vorhersagt, er werde ihn, ehe der Hahn krähen wird, dreimal verraten, ist Petrus überzeugt, er werde das nicht tun: »Und wenn ich mit Dir sterben müsste!« Die Tonart aber ist c-Moll, die düstere, todesverbundene (Weimer 1991, S. 230), steht also im Gegensatz zu Petri bewusster Überzeugung. Der Eingangschor »Kommt, ihr Töchter, helft mir klagen« ist von ernster, bedrückter Stimmung, die das Passionsgeschehen und die Klage darüber enthält, aber der erste Dreiklang bis zur oberen Oktave signalisiert den Ruhm Christi; durch die umfassende Oktave wird seine Allmacht jenseits des Worttextes mitgeteilt (Poos 1985, zit. bei Weimer 1991, S. 230f.).

Stimmung und atmosphärischer Gehalt eines Musikstücks sind schwer zu verifizieren und mit Worten zu beschreiben. Vielleicht kann man aber auch umgekehrt sagen, dass der Text, z.B. jener der Matthäus-Passion, helfen kann, in Worte zu fassen, was die

Musik ausdrückt, da sie parallel gehen und der Komponist den Text sozusagen als Anknüpfungspunkt vor sich hatte, der ihm bestimmte (phantasmatische) Vorstellungen lieferte, die er (vorbewusst?) in Töne verwandelte. Natürlich schöpft nicht nur Bach solche Möglichkeiten aus; man denke z.B. an Mozarts *Lacrimosa* des Requiems, das jenen tränenreichen Tag des jüngsten Gerichts mit einem wunderbar tröstlichen, geradezu erlösenden Stimmungsgehalt begleitet. Oder *Don Giovannis* scheinbar fröhlich-galantes Verführungsagieren, dem die Musik aber die dahinter verborgene Aggression und paranoide Vernichtungsangst unterlegt (Oberhoff 2004). Ähnlich wird in Bachs Kirchenkantaten, die das Sterben oder die Sehnsucht nach Erlösung durch den Tod zum Inhalt haben, der Tod durch die Musik derart verklärt, dass von seinem Schrecken nichts mehr bleibt. Allerdings ist auch der Text in diesen Kantaten mit dem Tod ganz einverstanden, aber immer geht es ja um diesen. Arnold Schering (1926) schreibt in seiner Einführung zur Kantate BWV[1] 161 »Komm, du süße Todesstunde«:

> »So hatte der Pietismus mit seiner Stärkung des Jesus-Glaubens ein Menschengeschlecht herangezogen, das dem Tode freudig entgegensah und das Ruhen im Grabkämmerlein nur als einen kurzen Schlaf betrachtete, aus dem Jesus die Seele einst zu überirdischer Herrlichkeit erwecken werde. So kommt es, dass uns aus Sterbekantaten dieser Zeit eine so wunderbare Milde und Ruhe

> entgegenströmt. Was schreckhaft und grauenvoll an diesem Vorgang des Abscheidens ist, wird zwar nicht ganz übergangen, wohl aber gemildert und überdeckt von Vorstellungen und Gefühlen, die unmittelbar auf Trost und Hoffnung führen. Und Ruhe und Milde werden eben weitaus wirkungsvoller von der musikalisch erzeugten Stimmung als vom meist dürftigen Text kommuniziert.«

Ähnlich in der Kantate BWV 82 »Ich habe genug« (nämlich vom Erdenleben), in der die Arie »Schlummert ein, ihr matten Augen, fallet sanft und selig zu« begleitende Streicher wahrlich »Ruhe und Milde«, eine ätherische, tröstende Stimmung erzeugen. Bekannt ist die Kantate BWV 56 »Ich will den Kreuzstab gerne tragen«, in deren erster Arie zu den Worten »Da leg' ich den Kummer auf einmal ins Grab, da wischt mir der Heiland die Tränen selbst ab« die Musik einen wiederum zu Tränen rührenden Trost bereitet, sodass man fast einstimmen möchte: »Ich freue mich auf meinen Tod [...]« (aus BWV 82).

5 Die Handlung

(Matthäus-Evangelium, Kapitel 26 und 27)

Jesus von Nazareth begibt sich mit seinen Anhängern nach Jerusalem, um dort das Passah-Fest zu feiern; er kündigt ihnen seinen Kreuzigungstod an. Inzwischen treffen sich Vertreter des Klerus, Theologen und Politiker (»Hohepriester, Schriftgelehrte und Älteste«) im Palast des Hohenpriesters Kaiphas, um Jesus zu ergreifen und zu töten, wobei sie aber die Zeit der Feierlichkeiten vermeiden wollen, weil sie einen massiven Protest durch das Volk befürchten. Im Hause Simons des Aussätzigen zu Bethanien opfert eine Frau wertvolles Wasser, um Jesus zu waschen, wogegen seine Anhänger protestieren, man hätte das Wasser verkaufen und das Geld den Armen geben können (das wäre eigentlich ganz in Jesu Sinn gewesen). Jesus verteidigt die Frau aber und kündigt ein zweites Mal seinen nahen Tod an; Arme hätten sie immer bei sich.

Inzwischen geht einer der Anhänger, Judas Ischariot, zu den Priestern, um Jesus für einen geringen Betrag zu verraten. Das

Passahmahl wird vorbereitet, und während sie essen, kündigt Jesus an, dass ihn einer von ihnen verraten werde; verunsichert hält jeder der Anhänger es für möglich, dass er es sein könnte. Jesus akzeptiert zwar seinen Tod und damit den Verrat, äußert aber, es wäre besser, dass der Verräter nicht geboren wäre. Als nun Judas fragt, ob er es sei, bestätigt das Jesus. Er nimmt das Brot und verteilt es unter den Jüngern, ebenso den Kelch mit Wein. Das Brot setzt er gleich mit seinem Leib, den Wein mit seinem Blut, das zur Vergebung der Sünden vergossen würde.

Nach dem Mahl begeben sich alle auf den Ölberg; Jesus kündigt ihnen seine Auferstehung an und sagt voraus, sie würden sich in dieser Nacht von ihm abwenden, denn wenn der Hirte vernichtet würde, würden sich die Schafe der Herde zerstreuen. Trotz der Beteuerung Petri, er werde zu ihm stehen, sagt Jesus voraus, dass er ihn dreimal verleugnen werde, bevor der Hahn kräht. Petrus und die anderen Anhänger beteuern jedoch ihre Treue. In einem Hof, Gethsemane, will Jesus beten und bittet sie, mit ihm zu wachen. Er bittet in seiner Not den Vater dreimal, dass er doch sein Schicksal abwenden möge, aber nicht wie er selbst, sondern wie Gottvater es wolle. Jesus ist betrübt, dass die Anhänger ihn schlafend alleingelassen haben.

Nun kommt Judas mit einer Schar Bewaffneter, damit sie Jesus, den er durch einen Kuss kennzeichnet, gefangen nehmen. Einer der Anhänger ergreift sein Schwert und schlägt einem Söldner des Hohenpriesters ein Ohr ab. Jesus mahnt, er solle auf Gewalt verzichten; auf seine Bitte könnte der Vater zwölf Legionen Engel schicken, die Voraussagungen der Schrift müssten aber erfüllt werden. Während der Gefangennahme ergreifen alle Anhänger Jesu die Flucht.

Jesus wird vor die Versammlung der Priester, Theologen und Politiker um Kaiphas geführt. Es ist jedoch trotz vieler falscher Zeugen nicht möglich, ihm etwas nachzuweisen, bis einer angibt, Jesus hätte gesagt, er könne den Tempel zerstören und innerhalb von drei Tagen wieder aufbauen. Jesus schweigt dazu; auf die Frage, ob er Christus, der Sohn Gottes, sei, bestätigt das Jesus und kündigt an, er werde zur Rechten Gottes sitzen. Das wird als Gotteslästerung aufgefasst, und die Versammlung ist sich einig, dass er des Todes schuldig sei. Die Verurteilung führt zur augenblicklichen Verspottung und Misshandlung durch die Anwesenden.

Inzwischen hält sich Petrus bei den Bediensteten des Palasts auf, und auf seine Gefolgschaft angesprochen, leugnet er dreimal, Jesus überhaupt zu kennen. Nun kräht der Hahn, Petrus erinnert sich an die Worte Jesu und weint bitterlich.

Die Priester und Politiker beschließen den Tod Jesu und führen ihn vor den römischen Gouverneur Pontius Pilatus. Judas bereut seinen Verrat angesichts der Folgen und möchte ihn ungeschehen machen. Die Priester weisen ihn zurück, nehmen aber das Geld, und weil es Blutgeld ist, kaufen sie davon ein Grundstück, das sie zu einem Friedhof machen wollen.

Vom Gouverneur verhört, antwortet Jesus nichts zu den Anschuldigungen, außer dass er bestätigt, der König der Juden zu sein. Der Gouverneur pflegt zum Fest einen Gefangenen zu amnestieren; er überlässt es dem Volk, ob sie Jesus oder Barabas, einen Mörder, freigegeben haben wollen; das Volk, von den Priestern und Politikern überredet, fordert den Tod Jesu. Pilatus, keineswegs von der Schuld Jesu überzeugt, »wäscht seine Hände in Unschuld«, nachdem das Volk mehrmals auf die Kreuzigung bestanden hat, und das Volk versteigt sich zu der Aussage, Jesu Blut solle über sie und ihre Kinder kommen. Es folgen Geißelung und Verspottung: Ein Purpurmantel, eine Dornenkrone, und ein Rohr als Szepter machen Jesus zur Karikatur eines Königs.

Die Kreuzigung soll auf einer Anhöhe, Golgatha (Schädelstätte) stattfinden; dort angekommen, geben sie dem durstigen Jesus Essig zu trinken, nach der Kreuzigung teilen sie seine Kleider unter sich auf. Die Vorübergehenden halten dem Sterbenden vor, wenn er den Tempel zerstören und wieder aufbauen könne, dann könne er sich doch selber helfen. Auch die Priester, Theologen und Politiker meinen, er könne doch vom Kreuz steigen, wenn er ein König wäre. Am Kreuz klagt Jesus: »Mein Gott, warum hast du mich verlassen?«

Noch einmal gibt man ihm Essig zu trinken, bevor er stirbt. Nun ereignet sich ein Erdbeben, die Gräber der Heiligen öffnen sich, der Vorhang des Tempels zerreißt. Die Soldaten, die Jesus bewachen, erschrecken und erkennen, dass er Gottes Sohn gewesen sei.

Angehörige und Freunde Jesu erbitten seinen Leichnam von Pilatus und bekommen ihn. Er wird bestattet, und vor das Grab wird ein großer Stein gewälzt. Die Priester geben Pilatus zu bedenken, Jesus habe angekündigt, nach drei Tagen aufzuerstehen, seine Anhänger könnten den Leichnam aus dem Grab nehmen, um das vorzutäuschen. Sie bekommen die erbetenen Wächter und versiegeln das Grab.

6 Das Werk

Teil I

1 Chorus[2]

Bach wählte für den Eingangschor die Form des französischen Tombeau (Wolff 2000, S. 325), das die Pavane, einen langsamen Schreittanz, verwendet, um mit einem pulsierenden, zugleich drängenden und zögernden $^{12}/_{8}$-Rhythmus bereits die Notwendigkeit der Anerkennung des Passionsgeschehens und den Widerstand dagegen zu beschreiben. Die beiden Chöre (von Picander als Wechselruf der Tochter Zion und der Gläubigen gedacht; dieses Konzept hat Bach nicht übernommen) stehen sich als Dialogpartner gegenüber, die Gläubigen werden zum Mitleiden aufgefordert.

Chor I:
Kommt, ihr Töchter, helft mir klagen,
sehet

Chor II:
Wen?

Chor I:
den Bräutigam,
seht ihn

Chor II:
Wie?

Chor I:
als wie ein Lamm.

Ripieno-Chor:
O Lamm Gottes unschuldig
am Stamm des Kreuzes geschlachtet,

Sehet,
Was?
seht die Geduld,

allzeit erfunden geduldig,
wiewohl du warest verachtet.

seht
Wohin?
auf unsre Schuld.

All Sünd hast du getragen,
sonst müssten wir verzagen.

Chor I und II:
Sehet ihn aus Lieb und Huld
Holz zum Kreuze selber tragen.

Erbarm dich unser, o Jesu.

Chor I fordert auf zu sehen, und auf die Fragen des zweiten Chors, wohin denn, erhält er die Antwort: auf den Bräutigam – das ist das (pietistische Bild für das) Liebesobjekt; auf das Lamm, das unschuldige; sehen auch auf die Geduld, die wir (und das Kind, das wir einmal waren) nicht haben; auf die Schuld, die wir Menschen haben, und von der uns das Lamm Gottes befreit. Während Chor I immer nur ein Stichwort gibt und mit Chor II in Dialog tritt, liefert der Ripieno-Chor die Erklärungen für das Geschehen. Auch Hermann (2006, S. 31) ist aufgefallen, dass in diesem Musikstück an das Auge appelliert wird. Aber im Gegensatz zum Gehör erfordert das Sehen eine Distanz zum Objekt; mit ihm verschmolzen, sehen wir nichts. Das heißt, wir erkennen die Trennung vom Objekt an, finden uns in ihm durch Identifikation aber wieder. Die ganze Matthäus-Passion kann man als einen solchen Prozess der Anerkennung der Trennung (durch Jesu Tod) und der Identifikation mit ihm (so sein sollen und wollen wie er) verstehen.

Picander variiert und bearbeitet den dann als Ripieno-Choral erklingenden Text »O Lamm Gottes unschuldig«, indem er ihn mit seiner Dichtung in eine historische Ebene verlegt und ihm Zeugen gibt, während der Choral selbst schon ausdrückt, dass das Opfer längst vollbracht wurde (Eggebrecht 1997, S. 39). So wird der Hörer (auch er kennt ja den Ausgang der Geschichte längst) hineingezogen in das Geschehen, als wäre er selbst anteilnehmender und mitleidender Zeuge.

> »›Kommt, ihr Töchter, helft mir klagen‹, das heißt: Kommt, ihr Menschen, stimmt ein in das Klagen – wobei von Anfang an neben der Aufforderung zum Kommen auch das Klagen die Musik bestimmt: e-Moll, Moderatheit der Bewegung, dissonanzen- und chromatikreiche Harmonik und Stimmführung« (ebd., S. 40).

Chor I weiß, was geschieht, Chor II fragt noch lange, bis er es begreift und mit einstimmt in die Aufforderung, das Lamm, seine Geduld, seine Liebe, und die eigentliche Schuld zu sehen. Chor I zeigt, Chor II fragt, die Trauertonart e-Moll herrscht vor. Aber der Choral erklärt (Hermann 2006, S. 31); dieser Choral, den Bach noch über alle komplizierte doppelchörige Polyphonie legt (und der auch heute noch oft von Knaben oder Kindern, jedenfalls »Unschuldigen«, gesungen wird), »O Lamm Gottes unschuldig«, steht in Dur. Ist man trotz der Gewaltigkeit des Chores noch gefasst, fließen die Tränen beim Einsetzen des Chorals in der Identifikation mit dem unschuldigen Opfer, das letztlich jedes Kind, jeder Mensch in gewisser Weise mehr oder weniger einmal gewesen ist.

Der erste Einsatz des Chores (Chor I; Takt 17) erfordert eine eingehende Betrachtung: Der Orchesterpart repräsentiert mit Rhythmus und Moll-Tonart die Klage, und auch wenn der Text nun zu klagen anhebt, wählt Bach für die ersten Töne eine aufsteigende vollständige Oktave, die als Zeichen der Macht und des Ruhmes Christi verstanden werden kann; Bach setzt also eine musikalische Antithese dem Text entgegen.

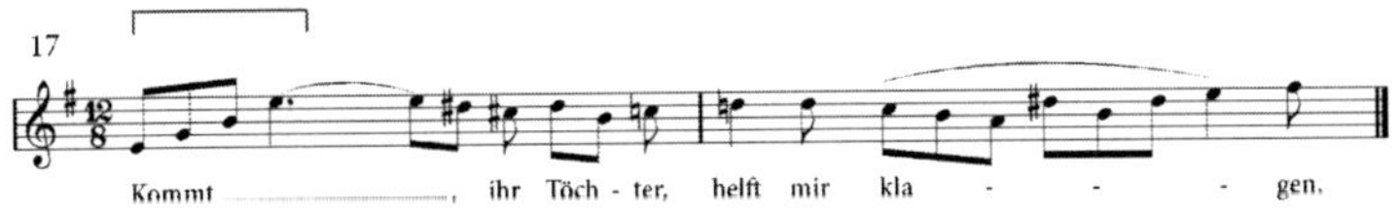

Abb. 1: Nr. 1, Takt 17 und 18

Das ist der »Crux-Gloria-Topos«, auf den Poos (1985; zit. bei Weimer 1991, S. 230f.) hinweist. Aber diese Anspielung ist zaghaft und kaum erkennbar, denn im Vordergrund des Passionsgeschehens nach Matthäus steht Christus als das Opfer, nicht als König. Ganz anders im Johannesevangelium; dort bleibt Christus der »Herr, unser Herrscher, dessen Ruhm in allen Landen herrlich ist«, so der Eingangschor der Johannes-Passion, während in der Matthäus-Passion die Töchter nicht aufhören, über das Opferlamm zu klagen. Dementsprechend heißt es in Nr. 67 der Matthäus-Passion, Rezitativ:

> »O selige Gebeine,
> seht, wie ich euch
> mit Buß und Reu beweine,
> dass euch mein Fall in solche Not gebracht!«

Im Schlusschor der Johannes-Passion dagegen heißt es: »Ruht wohl, ihr heiligen Gebeine, die ich nun weiter nicht beweine [...].« Denn wenn der König zwar tot ist, ein neuer jedoch gleich wieder lebt (Auferstehung), bleibt die Trauer kurz. In der Matthäus-Passion dagegen bleibt die Trauer über den Verlust des Liebesobjekts bis zum Schluss bestimmend: »Wir setzen uns mit Tränen nieder [...].« Während in der Matthäus-Passion dem Tod Jesu ein schlichter, bittender Choral (»Wenn ich einmal soll scheiden«) folgt, kommentiert die Altstimme Jesu Tod in der Johannes-Passion zuerst: »Es ist vollbracht« und spricht von »Trauernacht«; dann aber ruft sie gleich triumphierend: »Der Held aus Juda siegt mit Macht und schließt den Kampf.« Die Matthäus-Passion ist dagegen viel mehr beziehungsorientiert, die Identifikation mit der Leidensfigur gelingt viel eher als mit der in der Distanz bleibenden Herrscherfigur. Deshalb fließen die Tränen des Hörers bei der Matthäus-Passion viel schneller als bei der Johannes-Passion (Hirsch 2006b).

2 Rezitativ

»Das musikalische Sprechen des Evangelisten ist bei Bach immer zugleich ein zutiefst bedachtes Auslegen des Textes durch melodische Deklamation, Tonart, Modulation, Harmonik, figürliches Abbilden und durch Einschalten arioser Stellen« (Eggebrecht 1997, S. 22). Jesu Worte werden stets von einem dreistimmigen Streichersatz begleitet, als Zeichen der Gott-Verbundenheit (die Drei-Zahl bezeichnet die Dreieinigkeit Gottes), auch »gleichsam durch einen Heiligenschein« (Eggebrecht 1997, S. 25) ausgezeichnet vor den anderen Handelnden. Die Worte »dass er gekreuziget würde« begleitet ein Melisma, das einmal graphisch das Kreuzzeichen wiedergibt, andererseits durch die Modulation von G-Dur nach h-Moll den Schmerz bezeichnet, dies ist auch besonders durch den saltus duriusculus von h nach dis, während der Bass im passus duriusculus hinabschreitet (ebd.). So begleitet die Musik den Text konkordant, während sie den »Heiligenschein« ihm (diskordant) hinzufügt.

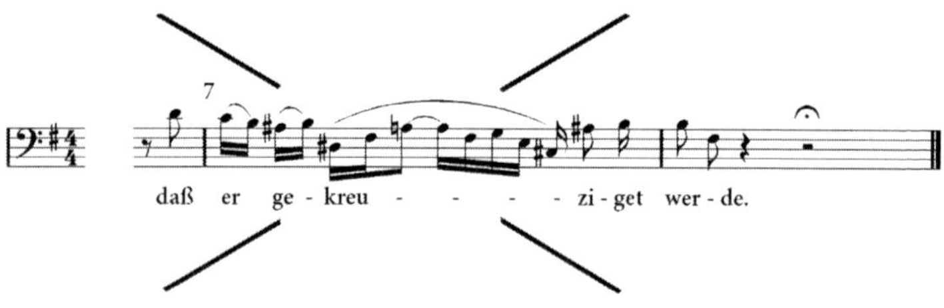

Abb. 2: Nr. 2, Takt 7 und 8

3 Choral

»Herzliebster Jesu, was hast du verbrochen […]?« Der Choral stellt nur Fragen, die Frage nach der Schuld letztlich – die Gemeinde ist ahnungslos (Platen 1991, S. 126). Oder weiß sie nicht vielmehr genau um seine Unschuld (Eggebrecht 1997, S. 28)? Eggebrecht findet in der Musik Bachs die Antwort: »Die Katábasis in der Bass-Stimme zu den Worten: ›In was für Missetaten‹ besagt: Jesus ist auf Erden gekommen, ist Mensch geworden. Und die anschließende Dissonanz, die Quinta falsa (Quinta deficiens) e – AIS […] besagt:

Indem Jesus Mensch geworden ist, ist er zur Sünde gekommen und hat sie auf sich genommen« (ebd., S. 29).

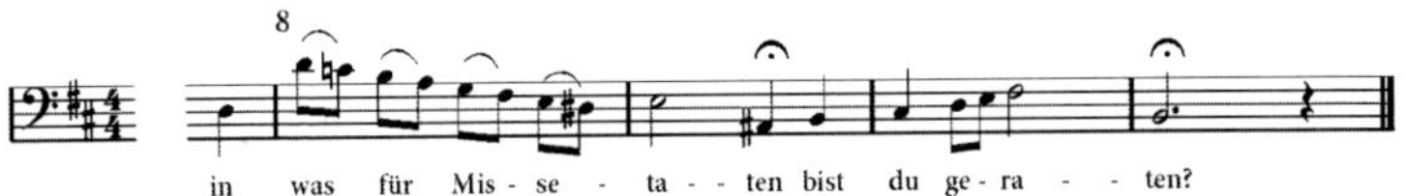

Abb. 3: Nr. 3, Takt 8 bis 11

4d Chorus

Ahnungslos sind noch die Jünger, die die Wohltat des »frommen Weibes« kritisieren und das Geld, das man für das teure Wasser bekommen hätte, in Jesu Sinne lieber den Armen gegeben hätten. (»Wozu dienet dieser Unrat? Das Wasser hätte mögen teuer verkauft und den Armen gegeben werden.«) Sie sind sich ihrer eigenen destruktiven Impulse gegen ihren Meister auch nicht bewusst. (Sollte das »fromme Weib« Maria Magdalena und die Gefährtin Jesu gewesen sein, spielte sicher auch Eifersucht mit hinein.)

5 Rezitativ

Die Sechzehntelbewegung bedeutet das Fließen des Wassers; Eggebrecht (1997, S. 33) versteht die lieblichen Terz- und Sextparallelen der beiden Flöten als Zeichen der Liebe, mit der das Wasser gegeben wird, das aber später sowohl mit der Einbalsamierung des Leichnams, als auch mit den Tränen der Trauer gleichgesetzt wird.

6 Aria

Die Arie nimmt den Tränenfluss in dem Sechzehntellauf der Flöten wieder auf und verbindet ihn mit den Seufzern gebundener Achtel. Passus duriusculus in den Flötenstimmen (Takt 6 bis 10)

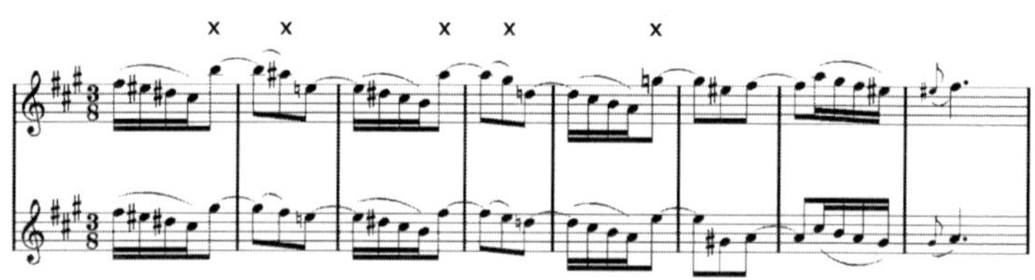

Abb. 4: Nr. 6, Takt 5 bis 12

und Salti duriusculi in der Singstimme (Takt 29 bis 32)

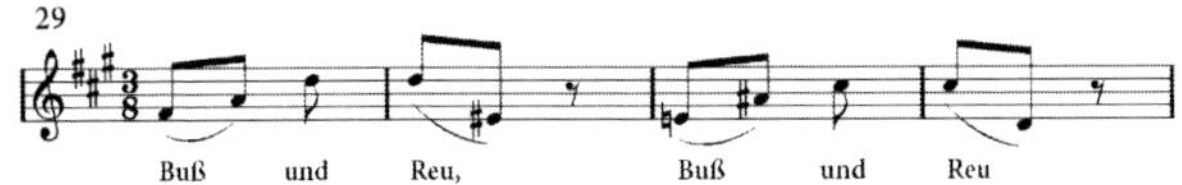

Abb. 5: Nr. 6, Takt 29 bis 32

drücken Buße und Reue aus, während der B-Teil der Arie »dass die Tropfen meiner Zähren [...]« durch die Flöten-Stakkati (»Tropfen«)

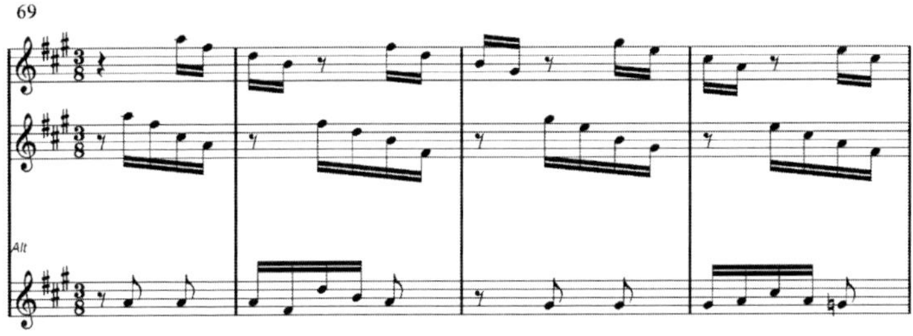

Abb. 6: Nr. 6, Takt 69 bis 72

eher eine Hoffnung ausdrückt, dass die Opfergabe der Tränen Jesu etwas Gutes tun und eine Versöhnung begünstigen könnte. »Diese [die Alt-Stimme] verkörpert in der Matthäus-Passion in der Regel die Stimme des mitfühlenden Christenmenschen, der sich vollständig mit dem Geschehen identifiziert« (Platen 1991,

S. 175). Die Protagonistin lässt also eine Art Reue erkennen, die Salbung mit ihren Tränen wäre als eine erste Wiedergutmachung gemeint und schon ein Hinweis auf die Restitution des Objekts und des Subjekts durch Schuldanerkennung und Reue – endlich wird im Schlusschor dann die Anerkennung der Schuld von allen geteilt, die unter Tränen zur Ruhe kommen.

8 Aria

Die Arie »Blute nur, du liebes Herz« knüpft an die vorhergehende an: Dort die Tränen, hier das Herzblut als Opfergabe (Platen 1991, S. 68); auch hier tropfen die Flöten-Stakkati. Aber im B-Teil erkennt die Betrachterin (Alt-Stimme) entsetzt die zerstörerische Kraft eines Kindes (inzwischen hat Judas seinen Verrat realisiert), das doch der Mutterbrust überhaupt sein Leben verdankt:

> »Ach, ein Kind, das du erzogen,
> das an deiner Brust gesogen,
> droht den Pfleger zu ermorden,
> denn es ist zur Schlange worden.«

Jesus bricht das Brot zur selben Zeit und nährt die Jünger, die Kinder. »Durch den Kuss wird Judas, das Kind, zur bösen Schlange!

Die intimste Form primärer Beziehung, das Saugen des Kusses, wird zum Inbegriff des Bösen!« (Weimer 1991, S. 227; zum Verständnis Christi als Mutter vgl. S. 101f.). Judas als Kind, nämlich als »verlorener Sohn«, findet sich noch einmal im zweiten Teil der Matthäus-Passion (Nr. 42).

10 Choral

Wurde im Choral Nr. 3 die Frage nach der Schuld gestellt, kommt es hier zu einem Schuldbekenntnis des Menschen. Schuldanerkennung und echte Reue entsprechen der Kleinianischen Vorstellung der depressiven Position, die eine Voraussetzung ist für Beziehung zum Anderen und dafür, ihn damit als getrennt sehen und akzeptieren zu können, für *Besorgnis* für den Anderen (Winnicott 1963). Sie sind auch die Bedingung für eine Objektrestitution, für Versöhnung, d.h. für das Weiterbestehen der Beziehung, die so die destruktive Wut überlebt. Deshalb ist das Bekenntnis eigener Schuld in der Matthäus-Passion so häufig, denn die Gemeinde oder die gläubigen Seelen wissen, dass sie nur damit in den Genuss der Erlösung kommen, die ja immerhin den Preis des unschuldigen Opfers gekostet hat. Die aufgeregte Frage der Jünger: »Herr, bin ich's« (der dich verrät; Nr. 9e) wird mit dem Choral beantwortet:

»Ich bin's, ich sollte büßen
an Händen und an Füßen
gebunden in der Höll',
die Geißeln und die Banden
und was du ausgestanden,
das hat verdienet meine Seel« (Nr. 10).

Oder später an anderer Stelle:

»Du bist ja nicht ein Sünder
wie wir und unsere Kinder,
von Missetaten weißt du nicht« (Nr. 37).

11 und 12 Rezitativ, 13 Aria

Nach der Abendmahlszene (»[...] das ist mein Blut [...]«), die eine feierlich-versöhnliche Stimmung durch die ariosen Christus-Worte erhält, nimmt das Accompagnato-Rezitativ Nr. 12 das Opfer-Motiv (Tränen *und* Blut in den Oboenstimmen) wieder auf. Hier opfert aber nicht die gläubige Seele, dem »frommen Weibe« nachfolgend, es ist Christi Opfer gemeint. Die Arie »Ich will dir mein Herze schenken« (Nr. 13) beschreibt ein Versprechen der gläubigen Seele im Sinne der Rollenumkehr, die Jesus beistehen will; die Besonderheit ist, dass »das Herz des dankbaren Christen als liebevoll angebotene Heimstatt für den von der Welt abgewiesenen Heiland« (Platen 1991, S. 142) in der geistlichen Dichtung der Zeit verstanden wird. Rollenumkehr bedeutet hier, dass das vom Verlassen-Werden bedrohte Kind der Mutter (als die entsprechend hier Christus verstanden wird), die in Bedrängnis geraten ist, »elterlichen« Schutz anbietet (vgl. Formen der Identifikation S. 119ff.). Das Bild dafür ist hier: »Senke dich, mein Heil, hinein«, d.h. die »Mutter« soll sich in einen kindlich-mütterlichen Schutz begeben, damit sie für das »Kind« wieder das »Heil« sein kann. Und als hätte der barocke Dichter eine Ahnung von modernen psychoanalytischen Vorstellungen von Beziehungstraumata gehabt, konstruiert er obendrein eine Art Selbst-Objekt-Vertauschung bzw. -Gleichsetzung: Im B-Teil heißt es: »Ich will mich in *dir* versenken [...]«; erst soll sich die »Mutter« in das »Kind«, dann das Kind in die Mutter versenken. Eine ähnliche Selbst-Objekt-Vertauschung findet sich auch in Nr. 60: »Sehet, Jesus hat die Hand [...]« (vgl. S. 84), auch im Choral 62: »Wenn ich einmal soll scheiden, so scheide nicht von mir [...]«, dieser Wunsch wird gerade im Moment des Todes Jesu ausgesprochen.

15 Choral

Die Jünger werden sich ärgern an ihm, sagt Jesus voraus, das bedeutet, sie werden aggressiv auf ihn reagieren, weil er sie als Leiter einer ethisch-politischen Bewegung verlassen wird – und ist er nicht mehr für sie da, werden sie ihn verlassen (Gethsemane) und verraten (Petrus und die anderen Anhänger), d.h. die »Herde« wird sich auflösen. Der kindliche Gemeindechoral möchte diese bittere Tatsache nicht wahrhaben, er beschwört die Kindestreue zur nährenden Mutter (vgl. Jesus als Mutter-Objekt, S. 101f.) – die Melodie aber ist auch die der ersten Strophe: »O Haupt voll Blut und Wunden«, und der Hörer wird die Beteuerung der Jünger, sie würden treu bleiben, mit der Choral-Melodie verknüpfen, die das Unheil ankündigt.

»Erkenne mich, mein Hüter,
mein Hirte, nimmt mich an!
Von dir, Quell aller Güter,
ist mir viel Guts getan.
Dein Mund hat mich gelabet
mit Milch und süßer Kost,
dein Geist hat mich begabet
mit mancher Himmelslust.«

16 Rezitativ und 17 Choral

Das trotzige, scheinbar selbstbewusste Treuebekenntnis Petri (»[...] so will ich mich doch nimmermehr ärgern an dir [...]«) wird musikalisch als Selbsttäuschung entlarvt: Auf »ärgerten« erklingt der »Verräter-Akkord«, ein verminderter Sept-Akkord, ebenso wie später in Nr. 26 auf die Worte »und der Verräter«, und bei dem Versuch Judas', seinen Verrat rückgängig zu machen: »Ich habe Übel getan« (Platen 1991, S. 178). Wenn Bach zu Petri Beteuerung schon hier die Todesschattentonart (c-Moll), anklingen lässt, versteht Platen das Es-Dur des folgenden Chorals (Nr. 17) als Paralleltonart von c-Moll; den Choral verstehe ich wieder als Beispiel für die kindlich naive Identifikation mit einer Rollenumkehrforderung (»Ich will hier bei dir stehen [...]«), die das Kind nicht erfüllen können wird, trotz der Beteuerung: »Ich will ...«

Gethsemane

18 Rezitativ, 19 Rezitativ mit Chor und 20 Aria

Die zentrale Gethsemane-Szene erzählt sowohl die Entwicklung Jesu zur vollen Opferbereitschaft als auch das dreimalige Verlassen-Werden durch die Jünger. An dem Bericht (Nr. 18) des Evangelisten über die Bitte Jesu, die Jünger mögen mit ihm wachen, und über seine Verzagtheit schließt sich die doppelte Betrachtung durch die Tenorstimme an, die die Seelennot Jesu und die Gefahr, in der er sich befindet, beschwört. Es folgt das Schuldbekenntnis des Chorals. Später beteuert der Anteil nehmende Gläubige (Tenorstimme), wie gerne er doch wachen würde und bliebe, um das Leiden mitzutragen.

Die Arie Nr. 20 enthält ebenfalls eine Willensbekundung im Sinne der Rollenumkehr: »Ich will …«, nämlich bei Jesu wachen wollen; sie beginnt mit einer relativ munteren Quarte, die Schweitzer (1908) als Weckruf versteht. Der immer wieder einfallende Chor vertritt eine Hoffnung, die Sünden mögen einschlafen, und er gewinnt dem bitteren Leiden Jesu die Süße ab, die in der Erlösung liegt, und auch die Tenorstimme spricht von der Freude, die aus Jesu Trauern gewonnen werden kann.

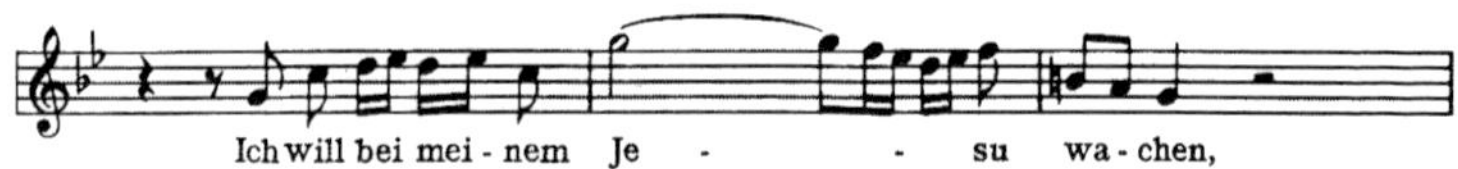

Abb. 7: Nr. 20, Takt 11 bis 13

Die ganze Szene ist von der Ambivalenz von Verzagtheit (auch leisem Protest, wie Blumenberg bemerkt) und Opferbereitschaft Jesu, von Treuebekundung und Verlassen durch die Jünger, von Schuldanerkennung und Erlösungsfreude der Gläubigen bestimmt. Wieder fällt die Rollenumkehr auf, dass nämlich der Sünder (die Gemeinde), Jesu beispringen will: »Gerne will ich mich bequemen, Kreuz und Becher anzunehmen, trink ich doch dem Heiland nach« (Nr. 23), also Jesu etwas abnehmen, was *er* doch zu bewältigen hat. Während Schweitzer (1908, S. 600) in dieser Arie »das demütige Sichbeugen« musikalisch ausgedrückt sieht, fällt Platen (1991, S. 153) »eine geradezu ›unbequeme‹ Melodieführung auf, teils windet sie sich in chromatischen oder verminderten Schritten (bei ›Kreuz und Becher‹ […]), teils reckt sie sich zu großen Intervallsprüngen […]«, die er nicht weiter interpretiert; ich würde vermuten, dass in der Melodieführung sowohl »Kreuz und Becher« bildlich dargestellt werden, als auch das ambivalente Sträuben, sie auf sich zu nehmen. Die Intervallsprünge sind alles andere als bequem (während der Text sagt »mich bequemen«), und die Wörter »Kreuz und Becher« sind »nachhaltig chromatisch getrübt« (Werner-Jensen 1993, S. 256).

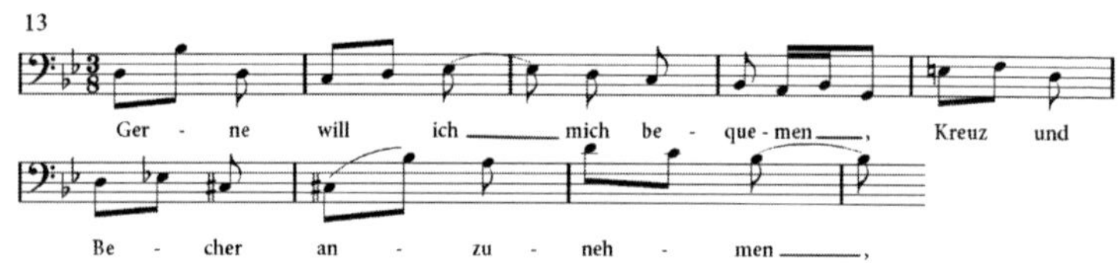

Abb. 8: Nr. 23, Takt 13 bis 20

25 Choral

Wenn Jesus nach dreimaligem Ringen schließlich Gottes Willen anerkennt, folgt der dies bestätigende Choral »Was mein Gott will, das gscheh' allzeit«; er »schließt die Phase des Verzagens und der Unsicherheit ab« (Platen 1991, S. 154).

26 Rezitativ

Jesus findet die Jünger wiederum schlafend, er weckt sie, begleitet von einem schrillen aufsteigenden, in einen Triller mündendes Motiv, von dem Schweitzer (1908, S. 595) meint, bei diesem »Motiv müsste jeder Hörer den Herrn sehen, wie er in Herzensangst die Seinen aus dem Schlaf aufrüttelt und emporreißt.«

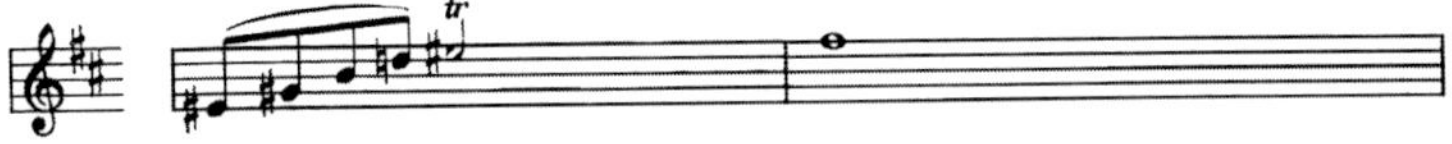

Abb. 9: Nr. 26, Takt 10 und 11

Es folgt die dramatische Szene des Verrats durch Judas (»Judaskuss«) und der Ergreifung Jesu.

27a Aria

Das Duett »So ist mein Jesus nun gefangen [...]« verbindet die Betrachtung der beiden Singstimmen, die sich in Melodiewindungen, wohl die fesselnden Stricke darstellend, ängstlich aneinander klammern, mit den heftigen Einwürfen des Chores: »Lasst ihn, haltet, bindet nicht!« Diese sind ein seltenes Beispiel für einen energischen, fast wütenden Protest gegen das unheilvolle Geschehen, wenn auch der Appell an die Häscher, einzuhalten, natürlich nichts fruchtet. Und da Jesus endgültig gefangen und gebunden ist, werden Naturgewalten entfesselt, die mit ungeheuer dramatischer Wucht ausgeführt werden; sind es erst Blitze (durch jähe Achtel-Einwürfe von Flöten, Oboen und Chor dargestellt) und Donner (permanentes Donnergrollen im Bass), eröffnet sich nach einer erschütternden Generalpause der durch diese bebilderte Abgrund der Hölle, und die grenzenlose Destruktion kann nicht ertragen werden, ohne dass sie wieder projiziert wird (Weimer 1991, S. 233) auf einen Sündenbock, nämlich »den falschen Verräter, das mördrische Blut«.

27b

»Sind Blitze, sind Donner in Wolken verschwunden?
Eröffne den feurigen Abgrund, o Hölle,
zertrümmre, verderbe, verschlinge, zerschelle
mit plötzlicher Wut
den falschen Verräter, das mördrische Blut!«

29 Choral

Der groß angelegte, überaus kunstvoll gesetzte Choral »O Mensch, bewein' dein Sünde groß« schließt den ersten Teil ab. Ursprünglich stand ein schlichter Choralsatz an dieser Stelle, der Bach in Relation zum Eingangschor, zur großen Arie mit Chor am Beginn des zweiten Teils und zum Schlusschor wohl doch zu schwach dimensioniert erschien (Platen 191, S. 160f.), sodass er diese Choralbearbeitung, die ursprünglich die Johannes-Passion einleitete, an diese Stelle setzte. (Der neue Eingangschor »Herr, unser Herrscher« wiederum passt besser zum Charakter des Johannesevangeliums als der Choral.) Platen (191, S. 164) zufolge fasst dieses Stück die

Gesamtthematik der Matthäus-Passion zusammen: Beweinung, Leiden (Krankheit), Opfer und Kreuz.

Teil II

30 Aria

Diese Arie nimmt das dialogische Prinzip des Eingangschores wieder auf; Tochter Zion oder eine gläubige Seele klagen über den Verlust des Freundes, des Bräutigams, und der gutwillige, ahnungslose Chor bietet mitleidig Hilfe bei der Suche nach ihm an: »Ach, nun ist mein Jesus hin [...] – Wo ist denn dein Freund hingegangen? [...]«

33 und 34 Rezitative, 35 Aria

Vor den Hohenpriester geführt, schweigt Jesus zu den Anklagen der falschen Zeugen; das Schweigen illustriert Bach mit dem durchgehenden Wechsel von Achtelnoten und Generalpausen in Nr. 34. Anders als in der Johannes-Passion, in der er dem Ankläger mit Argumenten entgegentritt, die diesen ad absurdum führen, verteidigt sich Jesus hier nicht, was als Tugend der Geduld gesehen wird. So ist in Bachs Passionskonzept auch neben dem ständigen sündenzerknirschten Gläubigen eine Andeutung des *unschuldigen* Menschen zu erkennen: Der Hohepriester beschuldigt Jesus ungerechtfertigt, Jesus schweigt dazu; und diese Geduld, die »in der lutherischen Theologie zu den ›Früchten der Passion‹« gehört (Platen 1991, S. 169), nimmt sich der Betrachter in einer Arie zum Vorbild:

> »Geduld,
> wenn mich falsche Zungen stechen.
> Leid ich wider meine Schuld [d.h. ohne meine Schuld]
> Schimpf und Spott,
> ei, so mag der liebe Gott
> meines Herzens Unschuld rächen« (Nr. 35).

Und Bach illustriert musikalisch die beiden Motive: »Geduld« und »falsche Zungen stechen«:

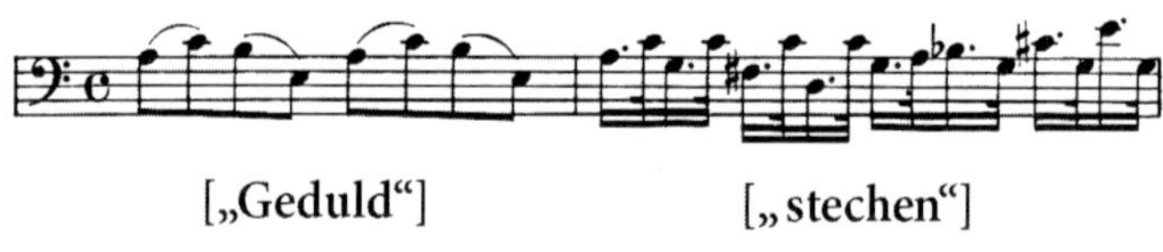

Abb. 10: Nr. 35, Takt 1 und 2

36a bis 36d Rezitativ und Chor

Das Verhör vor dem Hohenpriester führt zum Schuldspruch durch die Schriftgelehrten und Ältesten, die sich nun zur Verspottung des Verurteilten legitimiert fühlen. Der anschließende

37 Choral

fragt wieder erstaunt, wer Jesus denn so geschlagen habe, da er doch nicht der Sünder sei, »wie wir und unsere Kinder«, womit auf die transgenerationale Weitergabe von Schuld (bis ins dritte und vierte Glied) angespielt wird.

38a bis 38c Petri Verleugnung

Anders als Judas, der Jesus bewusst, mit welcher Intention auch immer, verriet, ist die Verleugnung Petri wohl als Ergebnis von Angst und Schwäche zu verstehen. Jedenfalls ist er, anders als Judas, zu Tränen echter Reue fähig, nachdem er sich an die Voraussage Jesu erinnert hat, er werde ihn dreimal verleugnen. Schuldanerkennung und Reue bedeuten, kleinianisch gedacht, das Erreichen der »depressiven Position« und so die Voraussetzung für Vergebung und Versöhnung. Judas dagegen bleibt in der paranoiden Position stecken, mit der er schließlich gänzlich allein bleiben wird. Petri Schicksal lädt (den Hörer) zur Identifikation ein – schwach gewesen zu sein, Fehler oder gar Verrat begangen zu haben, ist allzu menschlich, und die Tränen der Reue bezeichnen die Wiedergutmachung, die Wiedervereinigung mit dem Objekt, welche wiederum zu Tränen, solchen der Rührung wohl, führen.

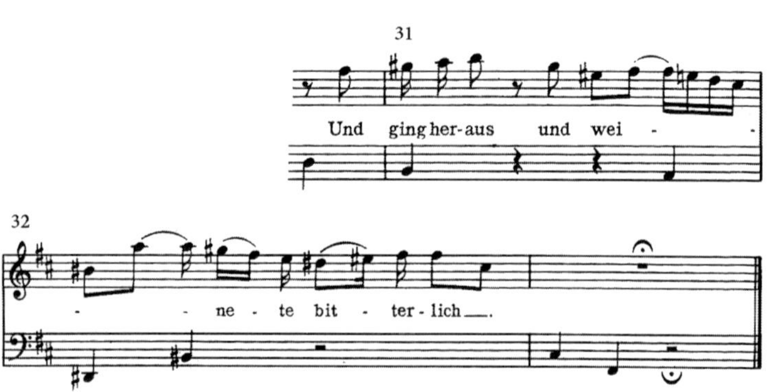

Abb. 11: Nr. 38c, Takt 31 bis 33

Der Evangelist tritt hier am meisten aus seiner Rolle des nüchternen Berichterstatters heraus:

> »In dem Melisma und in der Modulation nach fis-Moll weint er selbst. Und zugleich gibt er den Grund seines Weinens an:

> Verleugnung, Abweichung, Missetat, Sünde. Er gibt ihn an in den – jetzt spreche ich in der Barock-Terminologie – Intervalla falsa (die als solche von der regulären, der diatonischen Ordnung abweichen) der verminderten Quinte (Quinta deficiens) fis' – his und der verminderten Septime (Septima deficiens) his – a', sowie in den beiden verminderten Sept-Akkorden des Continuos« (Eggebrecht 1997, S. 24).

Das Krähen des Hahns erinnert Petrus an die Vorhersage Jesu, er würde ihn dreimal verleugnen. Das war von Petrus wohl gründlich verdrängt worden, und sowohl die lautmalerische Wiedergabe des Hahnenschreis als auch das wahrhaft schmerzensreiche Melisma zu den Worten: »Und ging heraus und weinte bitterlich« (Nr. 38c) lassen den Hörer sich leicht vorstellen, dass es Tränen der Reue über den Verrat, aber nicht nur solche der Anerkennung von Schuld, sondern auch Tränen der Scham sind.

39 Aria, 40 Choral

Die Alt-Stimme kommentiert das Geschehen, bittet Gott um Erbarmen und vergießt selbst Tränen der Reue:

> »Erbarme dich,
> mein Gott, um meiner Zähren willen.

Schaue hier,
Herz und Auge weint vor dir
bitterlich.«

Aber meist möchte die Gemeinde der Gläubigen sich zur Schuld bekennen, die Jesus ihr abnimmt:

»Ich verleugne nicht die Schuld,
aber deine Gnad und Huld
ist viel größer als die Sünde,
die ich stets in mir befinde« (Nr. 40).

Dieser letztere Choral folgt auf Petri Tränen und bekräftigt sein Schuldanerkenntnis, mit dem die reuigen Sünder sich identifizieren, die über ihr So-Sein weinen werden wie Petrus und auch der mit ihm identifizierte Hörer – alle werden ihre persönliche Schuld meinen. »Dass Petrus seinen Meister in so kleinlicher Weise verrät, sollte uns weiter nicht erstaunen; wir tun das alle auch«, sagt Girard (1982, S. 223) dazu. Zu dieser Schuld gesellen sich für Petrus noch Angst und besonders Scham über sein Versagen hinzu, auch hierin wird sich der Hörer ohne Weiteres wiedererkennen können. Es geht also um schuldhaftes Handeln, das zu Tränen der Reue führt; auf die Erbschuld, auf »Adams

Fallen«, wird in der Passion erst ganz gegen Schluss (Nr. 64) Bezug genommen.

41a bis 42 Judas' Scheitern

Jesu Tod hatte Judas wohl nicht gewollt, und als es auf eine Verurteilung zum Tode hinauslaufen soll, versucht Judas, den Verrat ungeschehen zu machen. Zwar ist da ein bis zu einem gewissen Grad regulierendes Über-Ich am Werke, aber echte Reue als Verbindung von Einsicht und Affekt wie bei Petrus ist nicht zu spüren. Eher kann man von Über-Ich-Angst sprechen. Und Judas hat auch keinen Erfolg; man kann auch sagen, er verliert nicht nur den Kontakt zu seiner früheren Gruppe, sondern auch zu den neuen Bezugspersonen, denen er sich angebiedert hatte, die ihn nun aber, da sie ihr Ziel erreicht haben, zurückweisen. Judas bleibt also in der paranoiden Position und damit völlig allein – das ist der eigentliche Grund für den Suizid. (Auch Mozarts Don Giovanni findet ein Ende, ohne aus der paranoid-schizoiden Position zu gelangen; vgl. S. 112)

Aufgeregt – der Affekt wird besonders von der virtuosen Solo-Violine vertreten – verlangt nun ein Betrachter, die Bass-Stimme, die Freilassung Jesu, da die Denunziation doch als unberechtigt eingestanden wurde – vergeblich; aber wenigstens findet sich hier eines der wenigen Beispiele des Aufbegehrens, der Empörung, gegen den unerbittlichen Ablauf der Geschehnisse: »Gebt mir meinen Jesum wieder!« (Nr. 42).

Und da nun nichts auszurichten ist, bescheidet sich die Gemeinde mit dem

44 Choral

»Befiehl du deine Wege« und beugt sich dem Ratschluss Gottes.

45a Rezitativ

Pilatus hält Jesus für unschuldig, kann aber wohl nicht gegen den Willen des Volkes entscheiden, und hofft, dass das Problem dadurch gelöst wird, dass von den zwei Gefangenen Jesus für die Freilassung ausgewählt würde. Er fragt also das Volk – längst sind es nicht mehr kleine Interessengruppen –, aber die Masse des Volks ist Argumenten nicht mehr zugänglich, und die Antwort legt Bach in den kürzesten aller Turba-Chöre: »Barrabam!« soll Pilatus losgeben. Die schaurige Wirkung wird dadurch erzielt, dass ein dissonanter Akkord (verminderter Sept-Akkord) ohne harmonische Herleitung, also in das Nichts, gesetzt wird und durch die überraschende Plötzlichkeit seine erschreckende Wirkung erzielt. Diese Entscheidung der Menge besiegelt das Todesurteil; auch dadurch enthält der kurze Chor-Einwurf seine Bedeutung. Eine solche Volksmenge heißt im Englischen »mob«, und das daraus abgeleitete »mobbing«, eine Bezeichnung, die heute eher inflationär gebraucht wird, ist in seiner wahren Bedeutung ein eliminatives Agieren gegen ein konstruktiv handelndes Gruppenmitglied, in einem Betrieb gerade einen effektiv Arbeitenden, den man aus Neid (Pilatus »wusste wohl, dass sie ihn aus Neid überantwortet hatten [...]«) mit destruktiver Rivalität bekämpft. Der Anteil des Mobbing-Opfers ist meist ein naiver Glaube an den guten Willen aller Gruppenmitglieder bzw. Kollegen, gute Arbeit leisten zu wollen, wie der Betroffene selbst, und die Weigerung bzw. Unfähigkeit, sich an die unausgesprochenen Gruppenregeln anzupassen, die gerade nicht die Optimierung der Arbeitsergebnisse zum Ziel haben, sondern die Mittelmäßigen schützen sollen. Wenn die stillschweigende Übereinkunft, nicht optimal arbeiten zu wollen, destruktive Aggression bedeutet, die in der Gemeinschaft enthalten ist, wird diese nach dem Sündenbockmechanismus dem Mobbingopfer aufgeladen. Folgerichtig verlangt das Volk die Kreuzigung, und die Einmütigkeit bildet Bach durch eine wohlgeordnete Fuge ab, in der vom Bass bis zum Sopran alle das gleiche Votum abgeben: »Lass ihn kreuzigen!« (Nr. 45b).

46 Choral und 47 Accompagnato

Die Gemeinde staunt über das Wunder der christlichen Religion: »Wie wunderbarlich ist doch diese Strafe«, und auf Pilati Frage, was er denn Übles getan habe, antwortet die Dichtung: »Er hat uns allen wohlgetan […]«, aber aus der historischen Distanz, die das Geschehene nicht mehr verändern kann.

49 Aria

Während das Volk als Masse brutal und gnadenlos projektiv ihr Opfer fordert, antwortet im völligen Gegensatz dazu die Sopranstimme, wahrlich eine gläubige Seele, mit den Worten:

> »Aus Liebe will mein Heiland sterben,
> von einer Sünde weiß er nichts.
> Dass das ewige Verderben
> und die Strafe des Gerichts
> nicht auf meiner Seele bliebe.«

Weimer (1991, S. 233f.) versteht die Arie als ein weiteres Beispiel für die depressive Position, für Schuldanerkennung und Besorgnisfähigkeit. Die überirdische, ätherische Stimmung erzeugt Bach durch das Weglassen des Bass-Fundaments; nur eine Flöte tritt in einen Dialog mit der Singstimme, spärlich begleitet von zwei Oboi da caccia, teils in erstaunt-zögerlichem Stakkato, teils mit klagend punktierten Achtelnoten. Besser als Schalz (1986, S. 94f.) kann man Funktion und Bedeutung dieser Aria nicht beschreiben:

> »Die Übernahme der alttestamentlichen Braut-Bräutigam-Mystik aus dem *Hohenlied der Liebe* als Urbild allen Liebesdialoges[3] prägt die Passionslyrik der Matthäus-Passion in eine geistig-erotische Inhaltlichkeit und Klanglichkeit um, deren unbestrittener Mittelpunkt – als das intime Zentrum der gesamten Partitur – die Sopran-Arie ›Aus Liebe will mein Heiland sterben‹ darstellt, sie steht zwischen den erwähnten Kreuzigungs-Turba-Chören: Die direkte Konfrontation ihrer basso-continuo-los, also gleichsam ohne erdenhafte Verankerung, ›luftig‹ schweifenden Liebestrauer, mit der unerbittlichen Vehemenz von ›Lass ihn kreuzigen!‹ erstellt in bestürzender Weise, auf engstem Raum das Grundthema der *Matthäus-Passion.* Da wird jemand, weil er sich für andere unorthodox einsetzte, ein Schuldloser, gekreuzigt – dieser ›Liebestod am Kreuz‹ aber stiftet Heil, Gerechtigkeit, Frieden für die Mitmenschen, geht ihnen für alle Zeit als Zeichen des Muts und der Hoffnung voran.«

50b Chor, 50c Rezitativ, 50d Chor

»Sie schrieen aber noch mehr und sprachen«; nämlich um einen Ganzton höher gesetzt, also mit noch mehr erhobener Stimme, fordert das Volk wieder: «Lass ihn kreuzigen!« Pilatus kann gegen das größer werdende »Getümmel« nichts ausrichten, er wäscht seine Hände buchstäblich in Unschuld und überlässt das Weitere dem Volk (»Sehet ihr zu!«). Jetzt steigert sich der Mob noch, die »Eiferer geraten außer sich« (Platen 1991, S. 189) und übernehmen sozusagen manisch-freudig die ihnen gegebene Verantwortung. Grenzenlos überheblich, geradezu trotzig, nehmen sie mögliche Konsequenzen nicht nur für sich, sondern auch für die nachfolgenden Generationen auf sich: »Sein Blut komme über uns und unsere Kinder.«

Das ist sozusagen eine Umkehrung der Worte Jesu im Lukas-Evangelium (Kap. 23, 28), der auf dem Gang nach Golgatha den weinenden Frauen sagt: »Ihr Töchter von Jerusalem, weinet nicht über mich, sondern weinet über euch selbst und über eure Kinder.« Man kann diesen Chor auch als übermütigen Spott verstehen, mit dem sich das Volk über das, was es anrichtet, hinwegsetzen will. Seine eminente Bedeutung erhält dieser eine Satz des Evangelisten Matthäus durch seine spätere Verwendung als Rechtfertigung für die Judenverfolgung über die Jahrhunderte, etwa gemäß der

Argumentation: Die Juden (und nicht etwa gewisse politische Gruppierungen der Herrschenden) hätten den christlichen Gott auf dem Gewissen und hätten selbst die Folgen für sich und ihre Nachkommen in Kauf genommen. Dazu der Philosoph Herbert Schnädelbach (2000, S. 42):

> »Während es Markus und Lukas bei der Beschuldigung des orthodoxen Judentums belassen, geht Matthäus zum christlichen Antijudaismus über. Was heute noch jeden christlichen Hörer von Bachs *Matthäuspassion* erstarren lassen sollte, ist das, was das ›ganze Volk‹ dem Pilatus antwortet, als er seine Hände in Unschuld wäscht und sagt: ›Ich bin unschuldig an dem Blut dieses Gerechten!‹ – ›Sein Blut komme über uns und unsere Kinder!‹ Geschrieben ist dies nach der Eroberung und Zerstörung Jerusalems durch die Römer im Jahre 70, und dieses Ereignis gilt dem frommen Evangelisten als Erfüllung jenes unfrommen Wunsches; zuvor hatte er Jesus die Katastrophe des palästinensischen Judentums ausführlich prophezeien lassen (Matthäus 23 und 24). Es handelt sich hier um eine der zahlreichen Varianten des Schemas Verheißung – Erfüllung, mit denen das Matthäusevangelium seinen Judengenossen das Christentum nahebringen wollte. Was den Juden in Jerusalem von den Römern geschah, erscheint als gerechte Folge der Selbstverfluchung eines ganzen Volkes, durch die es nach Matthäus die Schuld am Tode Jesu ausdrücklich auf sich genommen haben soll und fortwirkt in alle Ewigkeit. Also nicht bloß der Bericht aller Evangelien, dass Juden die Kreuzi-

> gung betrieben hätten – Johannes spricht an dieser Stelle nur noch von ›den‹ Juden –, ist schon ein hinreichendes Motiv der christlichen Judenfeindschaft; erst die Behauptung, ›die‹ Juden hätten doch selbst das Blut Jesu heraufbeschworen, verschaffte den christlichen Judenverfolgungen ein gutes Gewissen. So zieht sich von jener Blut-Stelle des Matthäus ein Blutspur über die ungezählten Judenpogrome im christlichen Europa bis hin zum rassistischen Antisemitismus als dem säkularen Erbe des religiösen Antijudaismus.«

Unzulässig finde ich auch angesichts dieser Textstelle, wohlgemerkt des Evangelisten Matthäus, Bach selbst anti-jüdische Tendenzen zu unterstellen, die etwa über ein allgemeingesellschaftliches Bewusstsein seiner Zeit hinausgingen. Sollte er etwa den Evangelientext korrigieren?[4]

51 Accompagnato und 52 Aria

Die Geißelschläge der punktierten Sechzehntelnoten wird die immer mitfühlende, klagende Altstimme ebenso empfunden haben wie der Hörer: »O Geißelung, o Schläg, o Wunden!« Matt aber ist der Protest: »Ihr Henker, haltet ein!«, mit dem ähnlich wie nach der Gefangennahme Jesu (Nr. 27a) eine »von denen, die mit Jesu waren«, auf die Schergen einzuwirken versucht (Platen 1991, S. 189).

Die folgende Alt-Arie verbindet Tränen mit einem Angebot, sich selbst zu opfern, um den Schmerz der Geißelung zu verringern, in einem Appell an die Folterer:

> »Können Tränen meiner Wangen
> nichts erlangen,
> o, so nehmt mein Herz hinein.
> Aber lasst es bei den Fluten,
> wenn die Wunden milde bluten,
> auch die Opferschale sein.«

Das bedeutet, wenn die Tränen die Folterer nicht aufhalten können, soll es die Opferung des Herzens erreichen. Die Darbietung des Herzens versteht Platen (1991, S. 68) »als ein[en] Raum, in dem Jesus wohnen oder ruhen soll«, das Herz wird dann folgerichtig als »liebevolle Opfergabe« bezeichnet – aber ist denn die Frage nicht erlaubt, um sich Blumenbergs Empörung zu bedienen: Warum soll denn – durch das Kind in gewissem Sinne – *überhaupt* geopfert werden? Offenbar in der Identifikation mit dem geopferten Jesus: »Trink ich doch dem Heiland nach […]« (Nr. 23).

Die begleitenden Violinen nehmen das Geißelungsmotiv in abgemilderter Form wieder auf. Die Stimmung wechselt von der klagenden Empörung des Accompagnato in eine zaghafte, fast aussichtslose Opferbereitschaft. Platen (ebd., S. 190) versteht das abrupte Abbrechen des Accompagnato »als Zeichen dafür, dass dem vorgesehenen Gang der Heilsgeschichte von menschlicher Seite nicht Einhalt geboten werden kann. Entsprechend hieß es bei der Gefangennahme ›Wie würde aber die Schrift erfüllet? Es muss also gehen‹« (Nr. 28). Mehr noch scheint diese Deutung auf die Fermate und wiederholten Generalpausen in der folgenden Arien zuzutreffen, die unvermittelt und scheinbar sinnlos den Text unterbrechen, als wollte die Betrachterin ein sinnloses Opferangebot noch einmal zurücknehmen.

56 Rezitativ

Wieder sehen wir Willensbekundungen der eifrigen Gemeinde, im Rezitativ eher im Sinne des guten Willens, Jesu in seinem Leidensweg zu folgen, in der folgenden Arie im Sinne der Rollenumkehr, verbunden mit einer Selbst-Objekt-Vertauschung, wie sie uns schon begegnet ist: Der Gläubige nimmt Jesus das Kreuz ab, aber wenn es ihm zu schwer werden sollte, meint er zuversichtlich, wird ihm derselbe Jesus wieder tragen helfen – wie ein Kind, das etwas tun möchte, was ihm eigentlich noch zu schwer ist, in der Gewissheit, dass die wohlwollenden Eltern ihm schließlich doch helfen werden: »Ja freilich will in uns das Fleisch und Blut zum Kreuz gezwungen sein […].«

57 Aria

Wieweit Bachs Technik der symbolischen Darstellung über die musikalischen Mittel noch hinausgehen kann, sieht man nicht nur an der »unhörbaren« Zahlensymbolik, sondern auch an der Herstellung eines symbolhaften graphischen Notenbildes. Kümmerling (1985, S. 131) weist uns auf das Bild der Krone hin, das von den Sechzehntelnoten in der Arie 57 dargestellt wird.

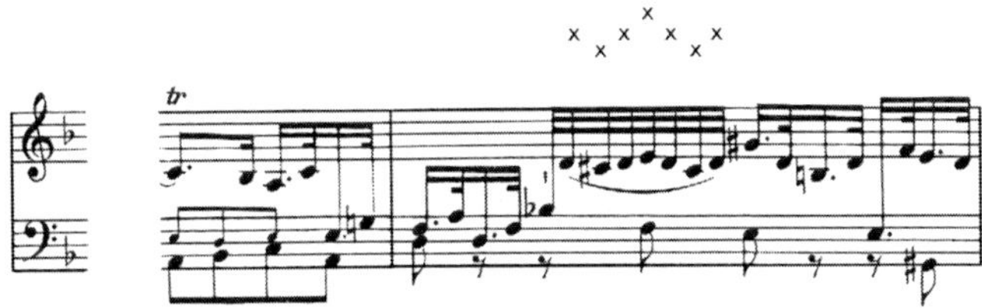

Abb. 12: Takt 21 und 22

So werden die punktierten Sechzehntel in der Gambenstimme, die wieder die Geißelung, das Kreuz, symbolisieren, mit der Herrlichkeit der Krone des Himmelsfürsten verbunden. Im Text der Arie ist das Kreuz schließlich ein süßes (»Komm, süßes Kreuz, so will ich sagen, mein Jesu, gib es immer her […]«).

58a bis 58e Rezitative und Chöre, 59 Accompagnato

Die Kreuzigung wird von Matthäus als vollzogene Tatsache geschildert, sodass der Vorgang selbst nicht musik-dramatisch inszeniert wird, anders als in der Johannes-Passion (Platen ebd., S. 197). Wie nach dem Verhör durch die Hohenpriester erlauben sich diese und auch die am Kreuz Vorbeigehenden hier wieder Misshandlung und Spott. Die mitleidende Alt-Stimme ist von Hoffnungslosigkeit überschattet. »Im Gegensatz zu der Meditation über die Unschuld Jesu, in der Pilatus-Szene (Nr. 48), hat sich die Stimmung nun völlig verdüstert [...]. Dort besteht bei aller Besorgtheit und Unruhe doch ein Schimmer der Hoffnung, hier scheint durch die Ausweglosigkeit alles verdunkelt und gelähmt zu sein« (ebd., S. 198), was auf ein »langes Verharren auf dem Ausgangspunkt« (ebd.) der begleitenden Oboi zurückgeführt wird, die sechsmal unbewegt das gleiche Motiv wiederholen, welches sich auch dann nur zögernd entwickelt »als Zeichen der Unschlüssigkeit und Ziellosigkeit« (ebd.).

60 Aria

Nicht nur Jesus am Kreuz ist verlassen, mutterseelenallein, auch die Jünger, die Gemeinde, der Hörer sind von ihm verlassen. Der

Text spricht vom durch Jesus, durch die Kreuzigung verlassenen Kind, das im kleinen verängstigten Küken gesehen wird, nicht aber ohne vorher die Arme Jesu, des selbst Verlassenen, in Arme zu verwandeln, die die Kinder schützen:

»Sehet, Jesus hat die Hand,
uns zu fassen, ausgespannt,
kommt!
Wohin?
In Jesu Armen
sucht Erlösung, nehmt Erbarmen …
In Jesu Armen
[ganze Note, *Extensio*, Abb. 13]
lebet, sterbet,
[ein Bogen mit Sechzehntelnoten abwärts: Grablegung, *Katábasis/Descensus*]
ruhet hier,
[halbe Note]
ihr verlass'nen Küchlein[5] ihr,
[Paare von Sechzehntelnoten, die wie verwirrte Küken herumirren]
bleibet!
[ganze Note, Abb. 14]

Wo?

In Jesu Armen« (Nr. 60).

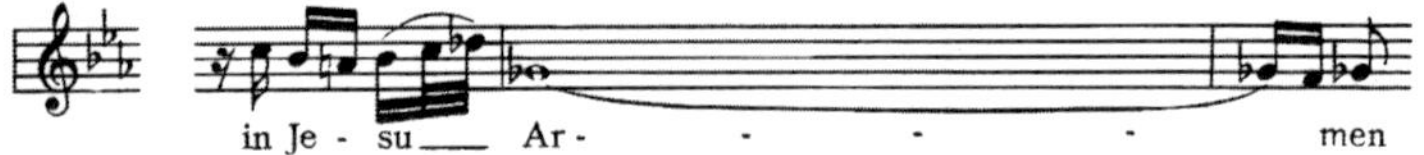

Abb. 13: Nr. 60, Takt 21 bis 23

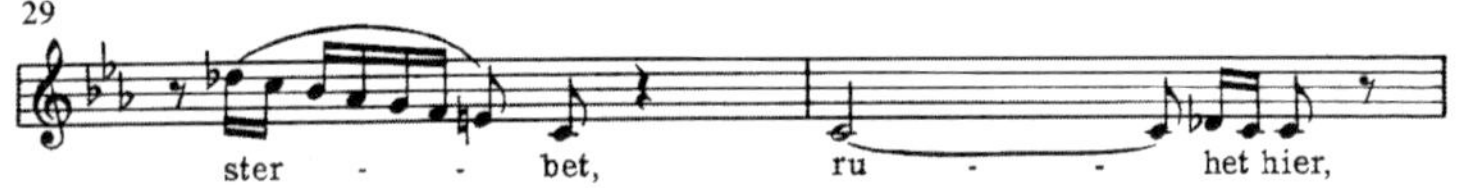

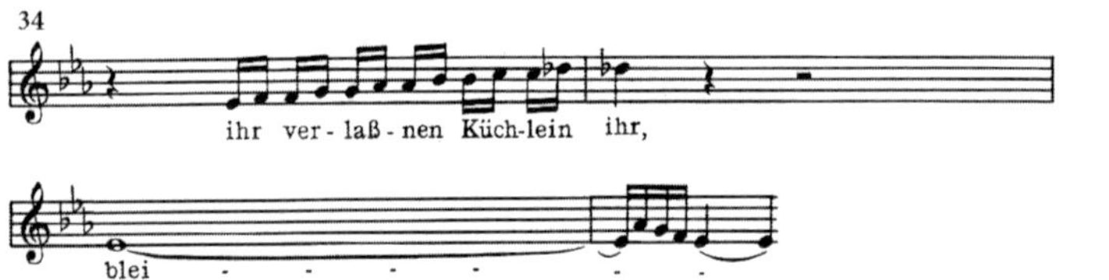

Abb. 14: Nr. 60, Takt 29 und 30 sowie Takt 34 bis 37

Hier findet sich ein glänzendes Beispiel, wie Bach allein mit den variierenden Notenwerten die für den von der gerade geschehenen Kreuzigung noch erschütterten Hörer kaum begreifbare Gedankensprünge musikalisch unterlegt. Der Text klingt erst einmal wie eine traumhafte, fast psychotische Realitätsverkennung: Jesus ist doch gerade ans Kreuz genagelt, die Arme sind zwar ausgebreitet, aber fixiert und nicht geeignet, verlassene Kinder zu umfangen. Denn Jesus war doch bisher und ist immer noch verlassen, deshalb kamen doch die Beteuerungen aus der Gemeinde: »Ich will bei meinem Jesu wachen [...]« (Nr. 20) oder:

> »Ich will hier bei dir stehen;
> [...]
> Von dir will ich nicht gehen,
> [...]
> als denn will ich dich fassen
> in *meinen* Arm und Schoß«
> (Nr. 17; Hervorhebung M.H.).

Die gläubige Seele also will dem bedrängten oder verlassenen Jesus beispringen, als wolle ein Kind die unglückliche Mutter umfangen und trösten; das entspräche einer Rollenumkehrdynamik, die aufgrund der Identifikation nicht mehr zwischen verlassender und verlassener Mutter, nicht zwischen verlassenem Kind und einem Kind, das der Mutter helfen soll und will, unterscheiden kann (Selbst-Objekt-Verschmelzung). Jetzt aber hat Jesus am Kreuz die Arme ausgespannt, das wird natürlich eine Metapher sein für die Erlösung des Gläubigen durch die Kreuzigung; andererseits wird das Bild der »verlassenen Küchlein« verwendet: Das Kind ist verlassen von der Jesus-Mutter, gleichzeitig aber ist das die Bedingung für die Erlösung auf einer anderen Ebene. Auf der Handlungsebene aber ist Jesus entsetzlich verlassen: »Mein Gott, mein Gott, warum hast du mich verlassen [...]« (Nr. 61a), und das unterstreicht Bach auf der musikalischen Ebene: Während sonst die Jesus-Worte immer mit einer dreistimmigen (die Zahl Drei symbolisiert die göttliche Natur) Streicher-Begleitung versehen sind, fällt diese hier weg als Zeichen, dass er die Verbindung zu Gott verloren hat, nur noch Mensch ist (Kümmerling 1985, S. 123). Der von Bach ausgesuchte und gleich auf den Tod Jesu folgende Choral unterstreicht die Identität von Jesus und Zuhörer, indem Jesu Tod direkt mit dem eigenen verbunden wird:

> »Wenn ich einmal soll scheiden,
> so scheide nicht von mir,
> wenn ich den Tod soll leiden,
> so tritt du denn herfür« (Nr. 62).

Auch Weimer (1991, S. 228) versteht die Arme Jesu als mütterlich, aber »verwundet, gebunden. Und das verschuldet die (in Judas verkörperte) höllische Gier des die ›blaue Neidesmilch‹ verschlingenden Kindes. Dessen primäre Vitalität [...] *zerstört* das innere Bild der Mutter [...].« Mit wie viel Emphase wird hier behauptet, dass die primäre Vitalität des Kindes derart destruktiv sei, dass »höllische Gier« und »blaue Neidesmilch« angemessene Bezeichnungen wären. Die kleinianische Sichtweise ist eben von der Triebvorstellung beherrscht, während Ferenczi sich das Beziehungsgeschehen zweier (oder mehrerer) Beteiligter genau ansieht (siehe Kapitel 3: Einleitende psychoanalytische Gedanken, S. 19). Und da kann man nur ganz allgemein sagen, dass der Mensch nun einmal nicht so ist, dass er automatisch, instinktgesteuert, sein Kind gänzlich optimal versorgen kann, und dass das Kind versuchen muss, damit fertig zu werden, z.B. indem es sich für die ungenügende Mutter verantwortlich fühlt (obendrein schuldig an ihrem Leid) und für sie die Arme ausbreitet. Viel mehr als die kleinianische Theorie trifft die Dichterin Hilde Domin die conditio humana in diesem Punkt:

»Ecce Homo
Weniger als die Hoffnung auf ihn
das ist der Mensch
einarmig
immer
Nur der Gekreuzigte
beide Arme
weit offen
der Hier-Bin-Ich«

Sieht man sich den Text der Arie noch einmal an, fällt auf, dass er von zuversichtlich-tröstendem Charakter ist und keinerlei Ambivalenz oder Unsicherheit erkennen lässt. Die Aussage ist eindeutig, nur die Chor-Einwürfe mit ihren Fragen scheinen der Einladung nicht ohne weiteres zu trauen. Die Musik dagegen setzt die panische Angst und Verwirrung der »verlassenen Küchlein« dagegen. Entsprechend findet Platen (1991, S. 199) »eine Uneinheitlichkeit der Gestaltung, [...] der melodische Fluss der Stimmen wird jedoch durch Haltetöne oder Pausen immer wieder unterbrochen, das Ganze ist nur lose durch den roten Faden einer unablässigen Achtelfortschreitung in der Continuopartie aneinandergeheftet«. Die Küken flattern eben hilflos umher, und natürlich müssen sie fragen, wohin sie sich wenden und wo sie suchen sollen. Wenn Platen schreibt: »Das Bild von den ›verlass'nen Küchlein‹ passt weder zu der Metaphorik des Gedichtes noch zur allgemeinen Situation«, hat er an die musikalische Darstellung panischer Angst verlassener, verwirrter Kinder nicht gedacht.

61a

Die »Finsternis über dem ganzen Land« entspricht Jesu Verlassenheit; seine verzweifelte Frage: »Eli lama asabthani?«, drückt bereits durch die entlegene b-Moll-Tonart die abgrundtiefe Not aus, wenn sie auch noch ein wenig dem göttlichen Ratschluss entgegensetzt, ihn jedenfalls nicht ganz fraglos erduldet, was ja Jesu Mensch-Sein auch kennzeichnet. Die Übersetzung des Evangelisten im noch weiter entfernten es-Moll steigert die düstere Stimmung noch.

62 Choral

»Wenn ich einmal soll scheiden,
so scheide nicht von mir,
wenn ich den Tod soll leiden
so tritt du denn herfür!
Wenn mir am allerbängsten
wird um das Herze sein,
so reiß mich aus den Ängsten
kraft deiner Angst und Pein!«

Die Gemeinde weiß ja um die positive Bedeutung des Todes Jesu Christi, der die Voraussetzung ist, dass Christus in gewisser Weise für sie da sein kann. Im Grunde trifft das auch für die haltensollenden Arme des Erlösers zu, auch wenn sie noch konkret am Kreuz fixiert sind (Nr. 60; insofern ist das Bild nicht psychotisch, vielmehr antithetisch). Eine andere, für den Hörer wichtige Bedeutung bekommt der Choral, als er angesichts des Todes Jesu an den eigenen Tod erinnert.

63a Rezitativ und 63b Chor

Das Erdbeben mit dem Zerreißen des Vorhangs begleitet als Naturgewalt das auch sonst Erschütternde des Todes, wie schon Blitze und Donner den Verrat an Jesus quittierten und auch die Finsternis, die sein Sterben überschattete. Stürmische auf- und abfahrende Zweiunddreißigstel-Noten zerreißen sozusagen den Vorhang, tremoloartige Zweiunddreißigstel lassen die Erde erbeben. Die theologische Bedeutung des Vorhangs teilt Schmoll (2002, S. 1) mit: »Im Tempel gab es zwei Vorhänge, einen äußeren am Eingang und einen inneren, der den Eintritt in das Allerheiligste verdeckte. Nur am Versöhnungstag, am Jom-Kippur, stand das hinter dem Vorhang Verborgene dem Hohenpriester offen. Hinter diesem Vorhang, so stellten sich die Menschen das damals vor, verbirgt sich ein gutmütiger, ein strenger, ein barmherziger oder ein unberechenbar handelnder Gott.«

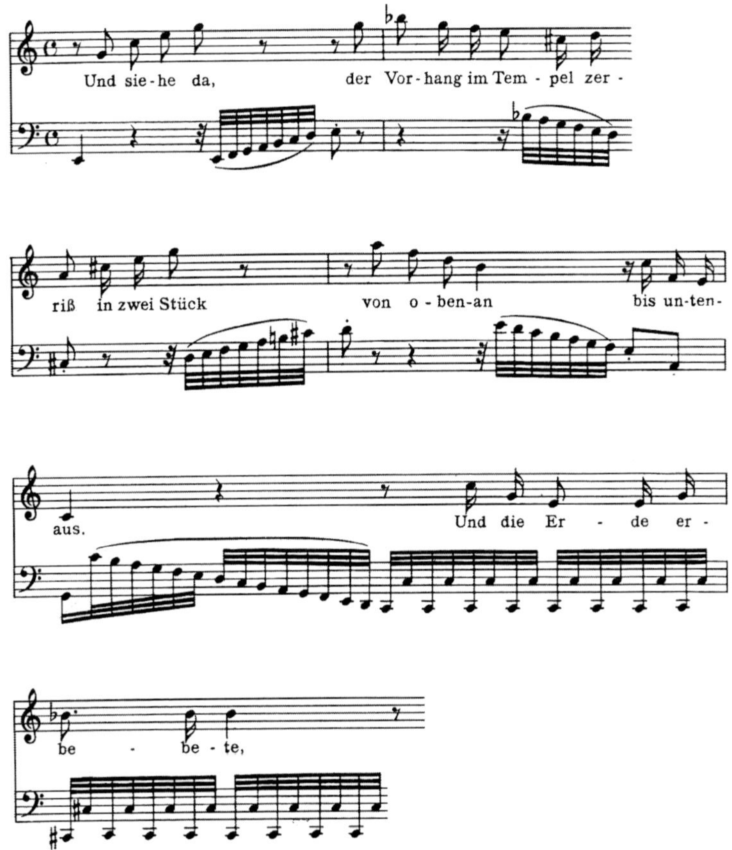

Abb. 15: 63a, Takt 1 bis 5

Gott ist also sichtbar geworden, und so sehen es die Zeugen und müssen einsehen: »Wahrlich, dieser ist Gottes Sohn gewesen.« Es

> »genügen Bach zweieinhalb in ihrer Dichte und Aussagekraft unvergleichliche Takte, um das zentrale Anliegen der ganzen Passionsgeschichte zu vertonen, das der biblische Bericht dem Hauptmann und denen, ›die bei ihm waren‹ in den Mund legt: ›Wahrlich, dieser ist Gottes Sohn gewesen‹ (Nr. 73). Sie sind in einen einzigen melodischen Bogen gefasst und gleichsam mit der Signatur des Komponisten unterlegt, denn die 14 Töne der Bass-Stimme sind die Zahlensumme der seinem Namen zugehörenden Buchstaben im Alphabet (B-2, A-1, C-3, H-8 = 14)« (Werner-Jensen 1993, S. 266).

64 Accompagnato und 65 Aria

Mit der staunenden Anerkennung Jesu als Sohn Gottes fällt auch die dramatische Spannung ab, um einer friedvollen Ruhe Platz zu machen.

> »In dem Arioso ›Am Abend, da es kühle ward‹ drückt der Meister den stillen Frieden des herniedersinkenden Dämmerns aus; in der Arie ›Mache dich, meine Herze, rein‹ liegt eine überschwengliche und doch wieder ruhig-heitere Freude. Diese beiden Stücke sind einzig von ihrer Art. Immer wieder fragt man sich, was denn

an diesen Tönen ist, dass sie das Geheimnisvolle und Unaussprechliche der heiligen Stimmung, die uns bei dem Gedanken an die Kreuzabnahme überkommt, so wiederzugeben vermögen« (Schweitzer 1909, S. 596).

66a Rezitativ und 66b Chor

Die große Ruhe des »Abendfriedens« und des »Friedensschlusses« ist eingekehrt, es folgt die Grablegung Jesu. Aber die Priester und Ältesten haben ihr feindliches Misstrauen noch behalten und stellen die »kaltherzige taktische Forderung [...] nach einer Bewachung für das Grab« (Platen 1991, S. 208), denn sie denken an die Möglichkeit einer betrügerischen Vortäuschung der von Jesu angekündigten Auferstehung. Die paranoide Position flackert also noch einmal auf, als hätten der Evangelist und Bach (der diesem Begehren durch einen groß angelegten Chorsatz auffallend viel Raum gibt) gewusst, dass psychische Entwicklungsprozesse, auch Trauerprozesse, nicht kontinuierlich verlaufen, sondern dass immer wieder Rückfälle in früheres Erleben und Verhalten zu erwarten sind.

67 Accompagnato

Der eigentliche Evangelienbericht ist hier beendet, und dieses friedliche Stück zieht eine Bilanz, eine Art »Es ist vollbracht«, wobei die Sopranstimme die Danksagung übernimmt und die Altstimme wieder sowohl die »reuige Büßerin« als auch die »Beweinende« (ebd., S. 201) darstellt.

»O selige Gebeine,
seht, wie ich euch mit Buß und Reu beweine,
dass euch mein Fall in solche Not gebracht.«

Vielleicht ist darin ja ein Hinweis verborgen, dass der Mensch als Mensch nicht anders kann, als schuldig zu werden, und dass er, wenn er Reue zeigt, erlöst werden kann – deshalb der für mich bei aller Trauer versöhnliche Charakter der Musik des Schlusschors. Die Versöhnung wäre die Restitution des durch das Subjekt zerstörten Objekts (Weimer zufolge beschreibt der Passionstext die Zerstörung, Bachs Musik simultan die Restitution). Und auch die versöhnende Wiedervereinigung mit dem (Primär-)Objekt ruft Tränen sowohl der nun möglichen Trauer als auch solche der Entspannung, der Erleichterung, des Glücks hervor.

68 Der Schlusschor

Der Schlusschor der Matthäus-Passion »Wir setzen uns mit Tränen nieder« scheint mir in subtiler Weise eine mehrfache Botschaft zu vermitteln: Der Text spricht einerseits von Tränen der Trauer, andererseits enthält er den Wunsch, der Verstorbene möge sanft ruhen. Wenn Blumenberg (1988, S. 231) schreibt: »Bachs Matthäuspassion endet mit dem versiegelten, nicht mit dem leeren Grab. Sie hinterlässt die Gemeinde in Trauer und Tränen, nicht in Hoffnung und Gewissheit«, dann übersieht er eben diese Doppeldeutigkeit. Obwohl die »Todesschatten«-Tonart c-Moll durchgehend an Tod und Verlust mahnt und die Form einer Sarabande funebre (Platen 1991, S. 212) hat, vermittelt die Musik eine ungemein tröstliche, fast heitere Stimmung (der Text auch: »Höchst vergnügt schlummern da die Augen [des Sünders] ein«, nachdem durch den Tod Jesu das »ängstliche Gewissen« beruhigt worden ist), jedenfalls entsteht eine entspannte Atmosphäre. Blumenberg (1988, S. 36) schreibt dazu dann doch:

> »Jene Tränen, mit denen Bach seine gläubige Gemeinde sich über Jesu Grabesruh niedersetzen lässt, sind […] die einer ›Erleichterung‹, wie sie nur aus dem Missverhältnis der Reaktion und Resonanz auf das eben Durchschrittene kommt. Vor diesem Gott kann zwar kein ›Recht erworben‹ werden, erleichtert zu sein – kein Recht, das ist aber das Bedeutungsäquivalent von ›Gnade‹.«

Die Trauer ist nicht ungemischt, die Beweinung Jesu geht mit einer Erleichterung, mit einem »Aufatmen« (Blumenberg 1988, S. 246) einher, einer Gewissheit der Schuldverringerung.

Eine eigene kleine Idee betrifft den Schluss-Chor »Wir setzen uns mit Tränen nieder […]«: Mir scheint es, als ob der erste Takt dieses Motivs ein langes Ein-, der zweite ein ebensolches Ausatmen bedeutet (Abb. 16); das entspräche der trauernden Erleichterung (Blumenbergs »Aufatmen«). Eine Bestätigung meines Gedankens erhielt ich in der Diskussion mit E. Altenmüller (persönl. Mitteilung, Lindau April 2006), in der die Entsprechung dieses Motivs in der Sarabande der Solo-Flötensonate Bachs (BWV 1013) deutlich wurde (Abb. 17). Es handelt sich um einen Sarabandentyp, dessen erster Takt wie ein einziger Auftakt verstanden werden kann (obgleich in einer Flötensonate dieser natürlich kein konkretes Einatmen sein kann), als ein Spannungsaufbau wie mit einem Einatmen, und im zweiten Takt als ein Spannungsabfall mit einem Ausatmen. Übrigens hat auch der Beginn der Bass-Begleitung der ersten Arie der *Kreuzstabkantate* (BWV 56: »Ich will den Kreuzstab gerne tragen […]«) dieselbe rhythmische Gestalt und ist fast identisch mit dem Anfang des Schluss-Chors der Matthäus-Passion: Beide im 3/4-Takt, folgen im ersten Takt der ersten Achtel- zwei Sechzehntel-, diesen vier Achtelnoten, der zweite Takt ist von ruhigeren Notenwerten bestimmt, dann folgt wieder das Muster der Achtel- und Sechzehntelnoten. Man kann vermuten, dass der gläubige Christ und auch Bach selbst den Entschluss, Christus das Kreuz abzunehmen, mit einem Seufzer verbinden.

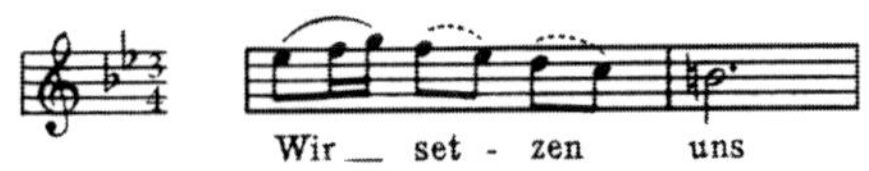

Abb. 16: Nr. 68, Takt 13 bis 14

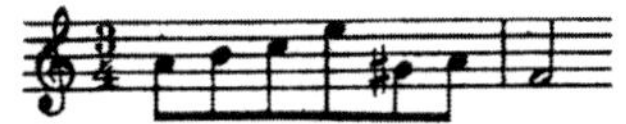

Abb. 17: BWV 1013, Sarabande, Takt 1 und 2

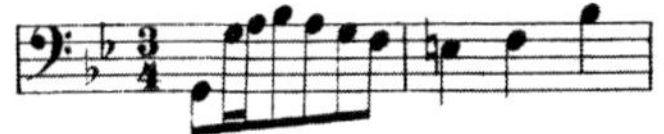

Abb. 18: BWV 56, Aria, Takt 1 und 2

Kümmerling (1985, S. 115) hat mitgeteilt, Bach habe sich mit dem Kreuzstab-Tragenden identifiziert, denn er habe die anagrammatisch vertauschten Buchstaben seines Namens – HCBA – in Form von Noten in der Bass-Stimme unter die Textstelle »Ich will …«

gesetzt. Und weiter heißt es, »dass Bach sich – um seinen rechten Namen zu verhehlen – mit eben diesem Anagrammaton ›HCBA‹ an mehreren Stellen in die [Matthäus-]Passion Christi einbezieht« (ebd.). Und zwar sind das wiederum Stellen, an denen der Gläubige beteuert, die Nachfolge Christi anzutreten: »Gerne will ich mich bequemen, Kreuz und Becher anzunehmen [...]« (Nr. 23) und »Komm, süßes Kreuz [...]« (Nr. 57). Auch mit Hilfe des Zahlenalphabets (jeder Buchstabe erhält die Zahl, die seiner Stellung im Alphabet entspricht) hat sich Bach in die Matthäus-Passion eingeschrieben, also »kann Bach sich eigentlich nur als zum Kreuztragen prädestiniert erkannt haben« (ebd., S. 122).

Nicht nur durch die Gegensätze im Text (einerseits Tränen und andererseits »höchst vergnügt«), sondern auch aus der Spannung von Moll-Tonart einerseits und tröstlichem Charakter der Musik andererseits erhält dieser große Chorsatz, der die Matthäus-Passion abschließt, seine Bedeutung. Hermann (2006, S. 48) meint, der stechende Schmerz der Geißelung ist abgelegt; die Trauer enthält eher eine Rührung und Zuneigung (Platen 1991, S. 211); das Stück hat im Refrain, dem Zuruf »Ruhe sanfte, sanfte ruh'!« den Charakter eines Wiegenliedes; es ähnelt den bekannten »Schlummerarien« (ebd., S. 212). Aber aus der Doppeldeutigkeit des Abschlusschores von Tod und Erlösung, Schuld und Gnade entlässt uns Bachs Musik auch nicht ganz, der Hörer muss im letzten Takt einen endlosen dissonanten Vorhalt der Flöten aushalten, bevor dieser in den Schlussakkord aufgelöst wird, und auch der ist kein befreiendes Dur, sondern bleibt in c-Moll – das gänzlich befreiende Dur findet sich erst im Osteroratorium (Wolff 2000).

7 Jesus als Mutter-Objekt

Der Gedanke, Jesus könne für die Gläubigen ein mütterliches Objekt wie die Mutter für einen Säugling sein, scheint vielleicht etwas abseits der zeitgenössischen Denkgewohnheiten zu liegen. Aber es gibt viele Hinweise auf dieses Phantasiegebilde; in der Matthäus-Passion zum Beispiel der Choral (Nr. 15):

> »Erkenne mich, mein Hüter,
> mein Hirte, nimm mich an,
> […]
> dein Mund hat mich gelabet
> mit Milch und süßer Kost […].«

Und die Mutter-Kind-Gleichung wird auch auf Jesus und Judas bezogen:

> »Blute nur, du liebes Herz!
> Ach! ein Kind, das du erzogen,

das an deiner Brust gesogen,
droht den Pfleger zu ermorden,
denn es ist zur Schlange worden« (Nr. 8).

Weimer (1991, S. 227), in dessen Aufsatz über die Matthäus-Passion die Idee der kleinianisch gedachten Objektzerstörung, Zerstörung der Mutter also durch die destruktive Säuglingsphantasie, ganz im Zentrum steht (während die Musik Bachs für ihn die Wiederherstellung des schuldigen Subjekts repräsentiert), hat die Vorstellung von Jesus als Mutterobjekt weiter fundiert: »Diese, für heutige Ohren überraschende, Entsprechung ›Jesus = Säuglingsmutter‹ gehört zum verbreiteten Inventar der Predigttradition des frühen 18. Jahrhunderts.« Weimer zitiert aus zeitgenössischen Predigten: »Gleich wie eine fromme Mutter, die ihr Kindlein säuget, wann das Kindlein kranck wird, selbst einen bitteren Trunck einnimmt, auff daß sich die Artzney mit der Muttermilch vereinigt und dem Kindlein also geholffen werde, weil es für sich selbst den bittern Tranck nicht kan einnehmen. Also unser Herr Jesus Christus, der uns mit großen Schmertzen neu geboren hat, und uns tröstet, wie eine Mutter ihr Kindlein tröstet [...]« (ebd.). Noch ein anderes Beispiel:

»Mein Bräutigam erhöret diß /
erkennet meine Lüste

> er spricht: komm her / komm trinck / komm iß /
> und gibt mir beide Brüste.«

Hier bekommt die orale Sphäre (Essen und Trinken) überdies noch eine eindeutig erotische Färbung. Die Gleichung »Jesus = Bräutigam«, nämlich der Bräutigam der Seele, die nichts mehr ersehnt als die liebende Verschmelzung, ist uns aus vielen pietistisch beeinflussten Bach-Kantaten geläufig; hier wird der Bräutigam Jesus mit zwei Brüsten ausgestattet, was Weimer auf eine Vermischung vom *Hohen Lied Salomo* mit der Vorstellung der Jesus-Mutter zurückführt (ebd.; die Predigtstellen zitiert er wiederum aus Axmacher 1984).

Auch eine alte mythologische Tradition setzt Jesus mit einer Mutter gleich: Die vom »Physiologus« überlieferte antike Fabel von der Pelikan-Mutter, die ihre Jungen rettet, indem sie sich die Brust aufhackt und sie mit dem eigenen Blute nährt – auch Jesu Blut kam aus einer Wunde seiner Brust (zum Pelikan-Mythos vgl. Hirsch 1997, S. 208–212). Dieses Bild wurde vom frühen Christentum aufgenommen, um die Rettung der Menschen durch das Blut Christi zu illustrieren.

»Vom Pelikan
Der selige Prophet David sagte in seinem Psalter: Ich bin gleich einem Pelikan in der Wüste. Der Physiologus hat von dem Pelikan gesagt, er gehe völlig auf in der Liebe zu seinen Kindern. Wenn er die Jungen hervorgebracht hat, dann picken diese, sobald sie nur ein wenig zunehmen, ihren Eltern ins Gesicht. Die Eltern aber hacken zurück und töten sie. Nachher jedoch tut es ihnen leid. Drei Tage trauern sie dann um die Kinder, die sie getötet haben. Nach dem dritten Tag aber geht ihre Mutter hin und reißt sich selber die Flanke auf, und ihr Blut troff auf die toten Leiber der Jungen und erweckt sie. So auch spricht unser Herr im Buche des Propheten Jesaja: Ich habe Kinder aufgezogen und erhöht, und sie sind von mir abgefallen. Der Meister hat uns hervorgebracht, und wir haben ihn geschlagen. Wir haben gedient der Schöpfung wider den Schöpfer. Er aber kam zur Erhöhung des Kreuzes, und aus seiner geöffneten Seite troff Blut und Wasser, zu Heil und eigenem Leben: Das Blut darum, dass gesagt ist: Er nahm den Kelch und dankte; das Wasser aber um der Taufe willen zur Buße« (Seel 1960, S. 10).

Die armen Pelikan-Kinder müssen denken: »Die Mutter opfert sich für uns, sie leidet, hat Schmerzen, weil sie uns mit ihrem eigenen Blut ernährt, sie schenkt uns das Leben und gibt uns ihres […].« Und sie müssen Schuldgefühle haben, weil sie die Ursache sind, dass die Mutter so leiden muss.

Besonders im Mittelalter gab es eine lange Tradition, Christus als weiblich und milchspendend darzustellen und zu beschreiben, wie es Caroline Walker-Bynum (1991) ausführlich ausgearbeitet hat. Katharina von Siena schrieb zum Beispiel im 14. Jahrhundert:

> »Wir können nicht andere nähren, wenn wir uns nicht selbst an den Brüsten der göttlichen Barmherzigkeit nähren […] Wir müssen tun, wie das kleine Kind, das Milch will. Es nimmt die Brust seiner Mutter, drückt seinen Mund daran und saugt durch das Fleisch die Milch auf. Wir müssen dasselbe tun, wenn wir genährt werden wollen. Wir müssen uns an die Brust des gekreuzigten Jesus heften, der die Quelle der Barmherzigkeit ist, und durch dieses Fleisch saugen wir die Milch auf« (zitiert ebd., S. 76).

Walker-Bynum (ebd., S. 77) zitiert auch Juliana von Norwich (14. Jahrhundert): »Unser Erlöser ist unsere wahre Mutter, indem wir alle ewiglich geboren werden und aus dem wir niemals herauskommen« (ebd.). Auch Margarete von Oingt: »Lieber Gott […], bist du nicht meine Mutter und mehr als meine Mutter? […]

Denn als die Stunde deiner Entbindung kam, warst du ans harte Bett des Kreuzes geschlagen […], und all deine Nerven und Venen zersprangen. Und wahrlich, es ist nicht verwunderlich, dass deine Venen barsten, als du in einem Tag die ganze Welt gebarst« (ebd.). Ein häufiges (Fantasie-)Bild war die Geburt der Kirche (Ecclesia) aus der Brustwunde Christi – analog der Erschaffung Evas aus der Rippe Adams (ebd., S. 78). »Sein Leib verhielt sich weiblich: Er blutete, nährte, gebar« (ebd., S. 81). Die Beispiele aus der bildenden Kunst sind noch viel zahlreicher:

> »Es darf also wohl behauptet werden, dass ein Bild wie *Der Erlöser* von Quirizio von Murano […], auf dem Christus als Körper dargestellt ist, der Nahrung aus seiner Brust darreicht, mindestens eine Evokation, wenn nicht eine unmittelbare Darstellung der traditionellen Vorstellung von Jesus als Mutter ist. Die dem Hohenlied entlehnten Texte auf dem Bild unterstreichen noch die Bedeutung, die das Essen des Leibes Christi hat: ›Kommt zu mir, innig geliebte Freunde, und esst mein Fleisch‹ und ›Komm zu mir, Liebster, in den Weinkeller und berausche dich an meinem Blut‹.«

Auch in dieser Zeit wurden die erotischen Bilder des Hohenlieds Salomonis mit der Mutter-Liebe und der geistlichen Mütterlichkeit Christi, auch der geistlichen Liebe zwischen der Seele und dem Bräutigam Christus verbunden, wie es später der Pietismus aufgriff, der einen Teil der Kirchenmusik Bachs beeinflusste. (Das von Lucas Cranach d. J. geschaffene Altarbild in der Kirche St. Peter und Paul [Herderkirche] in Weimar, einer Wirkungsstätte des jungen Bach, zeigt Christus am Kreuz, dessen Blut in hohem Bogen wie die Milch aus einer vollen Mutterbrust auf das Haupt eines alten Mannes spritzt, der den Vater des Künstlers, Lucas Cranach d. Ä. darstellt.) Auf dem Bild von Quirizio von Murano *Der Erlöser* hält Christus seine Brustwunde mit Zeige- und Mittelfinger genauso, wie eine Mutter die Brust ihrem Säugling darreicht. Ein drastisch anmutendes Beispiel ist ein Bild von M. Fiorini (nach F. Vani), das die heilige Katharina von Siena zeigt, die »den Eiter aus der infizierten Brust einer kranken Frau [trinkt] und dann […] an der Seite Christi gestillt [wird]« (ebd., S. 175); und dieses Stillen wird wie das eines Säuglings gezeigt, der sich hingebungsvoll an die Brust der Mutter schmiegt, während ein mildes mütterliches Lächeln (Christi!) Blickkontakt zu ihm sucht.

7.1 Jesus als zerstörte Mutter

Man kann es nicht leugnen: Es gibt das Phantasiebild des die Mutter zerstörenden Kindes; es fragt sich nur, in wessen Kopf es entsteht. Ist es nicht leicht vorstellbar, dass eine Mutter sich von ihrem Kind in ihrer bisherigen Identität eingeschränkt oder gar ganz zerstört fühlt, dass sie primär eine Wut auf das Kind und seine Existenz entwickelt? Es ist bekannt, dass Melanie Klein große Schwierigkeiten hatte, ihren eigenen, sehr kleinen Kindern gerecht zu werden (Grosskurth 1986), und der Gedanke liegt wohl nicht allzu fern, dass sie die Angst und Aggression, die sie ihren Kindern gegenüber entwickelte, ihrerseits auf diese projizierte (Göppel 1990). Melanie Klein war überzeugt, dass die überwältigende Kraft des Todestriebes schon im Säugling massive Abwehrmaßnahmen nötig macht, nämlich die Aggression einerseits auf die, wenn auch versorgende, Mutterperson zu projizieren, die dadurch zur Verfolgerin wird, andererseits diese dann in der Phantasie zu vernichten, sozusagen der eigenen Vernichtung zuvorkommend. Eine solche Dynamik findet sich in der Matthäus-Passion im Vorwurf, Judas habe eben die Mutter zerstört, die ihn genährt habe:

»Blute nur, die liebes Herz!
Ach! Ein Kind, das du erzogen,
das an deiner Brust gesogen,
droht den Pfleger zu ermorden,
denn es ist zur Schlange worden« (Nr. 8).

Es ist Weimers zentraler Gedanke, dass die Matthäus-Passion im Kern die Geschichte der Zerstörung eines Mutter-Objekts ist;

schuldhaft vernichtet der Mensch (das Kind, die Gemeinde) die Mutterperson, die sich ihm oder ihr opfert.

Ist Jesus die primäre Mutter, kann sein Tod als ein Resultat einer objektzerstörenden Phantasie des Säuglings aufgefasst werden, wie Weimer (1991, S. 228) das tut, der den Protagonisten dieser Dynamik in Judas sieht:

> »Und das verschuldet die [in Judas verkörperte] höllische Gier des die ›blaue Neidesmilch‹ verschlingenden Kindes. Dessen primäre Vitalität […] zerstört das innere Bild der Mutter […] Picander/Bach verwenden vielmehr die Bildersprache einer in charakteristischer Weise gestörten menschlichen Primärbeziehung. Gestört wird diese Beziehung durch den Neid und die Gier des einen Beziehungspartners, was Bach/Picander an der Judas-Figur exemplifizieren […]. Die virtuelle Gemeinde hat den eigenen Neid und die eigene Gier als etwas Böses in die Mutter/Jesus hineinverlegt, was nun zu deren Vernichtung führt.«

Dass aber Judas potentiell für alle Sünder steht, geht aus der aufgeregten Frage aller elf anderen Jünger hervor: »Herr, bin ich's, bin ich's […]« (Nr. 9e), elfmal stellt der Chor diese Frage, dreimal im Sopran, dreimal im Alt, dreimal im Tenor; im Bass aber nur zweimal: Judas wird durch eine Bass-Stimme repräsentiert (Platen 1991, S. 139).

Die Strafe für die todeswunsch-artige Aggression des Kindes folgt auf dem Fuße, in der Matthäus-Passion bebildert durch die ungeheuer dramatische Höllenfahrt im Chor (Nr. 27b):

> »Sind Blitze, sind Donner in Wolken verschwunden?
> Eröffne den feurigen Abgrund, o Hölle,
> zertrümmre, verderbe, verschlinge, zerschelle
> mit plötzlicher Wut
> den falschen Verräter, das mördrische Blut!«

Platen (1991, S. 158) gibt sehr anschaulich, so gut es eben mit Worten geht, die gewaltige Wirkung der musikalischen Ausmalung der Folgen des Verrats wieder:

> »Mit dem [...] Chor [...] hat Bach eine überwältigende Schilderung der entfesselten Naturgewalten geschaffen [...]. In der imitatorischen Einsatzfolge der Stimmen scheint ein Gewittersturm heranzuziehen, Blitze durchschneiden den Tonraum in gezackten Stakkato-Dreiklangsbrechungen [...], Donner dröhnt in rollenden Tonketten in der Tiefe [...], von allen Seiten türmen sich massive Akkordkomplexe auf [...], ›der Fels zerfällt, die Erde bebt, die Gräber spalten‹. Es ist ein wahrhaft apokalyptisches Bild [...].«

Dem Hörer, der sich mit diesem Sünder identifiziert, müssen entsetzliche Schauer über den Rücken laufen bei dem Gedanken: »Was hab' ich da angerichtet«, wie ein Kind, das die Folgen seiner großen Wut auf die Eltern nicht absehen konnte. Im Zusammenhang mit der Vorstellung der Zerstörungswut, die auf Melanie Klein zurückgeht und die Weimer vertritt, entspricht die rächende, vernichtende (Natur-)Gewalt genau der paranoiden Extremangst, die Rache und Vernichtung – paranoid – von dem Objekt erwartet, auf das er seine eigene mörderische Aggression projiziert hatte. Neben der Strafe ist es auch die entsetzliche Leere der Objektlosigkeit, die schlagartig ins Bewusstsein dringt, nachdem die Wut des Kindes das Mutterobjekt zerstört hatte. Vielleicht hat Bach diese Leere mit der überwältigenden, endlosen Generalpause abbilden wollen (vgl. S. 65). Eine ähnlich erschütternde, abgrundtiefe Leere tut sich in Schuberts großer C-Dur-Sinfonie auf (2. Satz, Takt 250), nachdem sich ein anfangs kinderliedähnliches Motiv ins riesenhafte Fortissimo gesteigert hatte, sodass der gähnende Abbruch nur umso schrecklicher wirkt.

Mir ist eine überraschende Parallele zu der dramatischen musikalischen Darstellung paranoider Angst aufgefallen: Mozarts *Don Giovanni*, gerade einmal 60 Jahre später als die Matthäus-Passion uraufgeführt, schildert das zerstörerische und selbstzerstörerische Schicksal einer narzisstisch gestörten Persönlichkeit, dessen orale

Gier mit einer immensen Aggression gegen eine – wohl ursprünglich traumatisch versagende – Mutter gepaart ist (vgl. Hirsch 1989, S. 150–158; Oberhoff 2004, S. 204). Zur »Notwendigkeit« der Objektzerstörung zitiert Oberhoff Melanie Klein:

> »Wenn aber das Baby hungrig ist und sein Verlangen nicht gestillt wird, wenn ihm etwas wehtut oder es sich unwohl fühlt, so ändert sich plötzlich die ganze Situation. Hass und aggressive Gefühle kommen auf; das Kind wird von der Triebregung beherrscht, eben jene Person zu zerstören, die das Objekt all seiner Begierden [...] ist [...]. Ein höchst bedeutsamer Zug dieser destruktiven Phantasien, die gleichbedeutend sind mit Todeswünschen, ist der, dass der Säugling glaubt, was er sich in seinen Phantasien wünscht, habe wirklich stattgefunden; das heißt, er fürchtet, das Objekt seiner destruktiven Impulse *wirklich zerstört zu haben*« (Klein 1937, S. 108ff.).

Don Giovanni zerstört und verlässt die Frauen, bevor er entsprechend seiner paranoiden Befürchtung selbst zerstört wird – Judas verrät Jesus, bevor er von ihm verlassen wird. Und Judas wird Jesus geliebt haben, so geliebt, wie Blumenberg (1988) überzeugend darstellt, dass er die Beziehung zu der frommen Frau, die nach neueren Quellen (apokryphes Philippus-Evangelium) Maria Magdalena und Jesu Lebensgefährtin war und jenes fromme Weib, das Jesus mit dem teuren Wasser Gutes tun wollte, vor Eifersucht nicht ertragen konnte.

Auch bei *Don Giovanni* erzeugt die Musik ein unheimliches Schaudern im Hörer – nicht so dramatisch bewegt wie in Bachs Vertonung der apokalyptischen Gewalten, aber nicht weniger eindringlich-bedrohlich:

> »Der Akkord der frühkindlich-paranoiden Vernichtungsangst schiebt sich vor das ›Don Giovanni‹, der schaurigen Anrede des Komturs. Wir kennen diese markerschütternde Klanggestalt bereits aus der Ouvertüre sowie aus der Szene der Ankunft des Komturs. Und auch das unwirkliche, schaurig-dämonische Weben der Streicher, das sich jeweils an die Akkorde der paranoiden Vergeltungs- und Vernichtungsangst anschloss, ist wieder präsent. Die Musik übernimmt hier gleichsam eine Erinnerungsfunktion und stellt bereits eine treffsichere Verbindung zur traumatischen lebensgeschichtlichen Ursprungssituation her, während das Bewusstsein noch völlig ahnungslos den fremden Gast [den Komtur, der ihn vernichten wird] willkommen heißt« (Oberhoff 2004, S. 95).

Wie Don Giovanni, unbeugsam in der paranoiden Position verharrend, gänzlich einsam vernichtet wird und die gegen die »Mutter« (nämlich in Gestalt der zahlreichen Frauen, die er – unersättlich – konsumiert) gerichtete Zerstörungswut gegen ihn zurückschlägt, so soll es auch Judas treffen:

»Eröffne den feurigen Abgrund, o Hölle,
zertrümmre, verderbe, verschlinge, zerschelle,
mit plötzlicher Wut
den falschen Verräter,
das mördrische Blut.«

Die Hölle soll ihn holen, den Verräter, und auch Don Giovanni wird von den Flammen verschlungen. Ist es ein Zufall, dass in beiden Szenen, die durch 60 Jahre getrennt sind, durchgehend bewegte Sechzehntel ein Gefühl von Gebannt-Sein und Nicht-loslassen-Können erzeugt? Und wie Judas bleibt Don Giovanni in der paranoiden Position: »So bringt Don Giovanni sein psychisches Defizit in einer Art Selbstdiagnose in dieser Szene selbst auf den Punkt, indem er feststellt: ›Nicht kenn' ich Buß und Reue‹« (ebd., S. 96). Don Giovanni endet im Schlund der Hölle, Judas begeht Selbstmord, denn sein später Versuch, die Häscher von Jesu Unschuld zu überzeugen, fruchtet nicht.

7.2 Jesus als verlassende Mutter

Der alles beherrschende Affekt der Matthäus-Passion ist die Trauer über den Verlust eines Liebesobjekts, eines geliebten Menschen (vgl. Hirsch 2006b). Wenn Christus eine Mutter-Figur ist für die Menschen, Jesus eine Mutter für die Jünger war, dann erleben wir in der Identifikation mit den Jüngern ein Verlassen-Werden, das in uns vielfältige Gefühle weckt, mit denen wir – wiederum allein – fertig werden müssen. Das wird umso schwerer fallen, je weniger wir sie unterscheiden können von dem Mitleiden mit dem doch selbst – von Gott – verlassenen Jesus. Projiziert man die Passionsgeschichte in familiäre Verhältnisse, sieht man etwa die von einer Mutter verlassenen Kinder, die wiederum Opfer, sagen wir des Mannes, des Vaters der Kinder, geworden ist: Die Kinder sind verwirrt, können nicht unterscheiden zwischen eigenem Verlassen-Sein und der mitleidigen Identifikation mit der verlassenden Mutter, die ebenfalls ein Opfer ist. Das ist die Verwirrung der »verlassenen Küchlein« (Nr. 60; vgl. S. 84f.), deren ängstliche Orientierungslosigkeit Bachs Musik so überzeugend ausdrückt; eine der wenigen Stellen übrigens in der Matthäus-Passion, an der auch einmal ausgesprochen wird, dass die Jünger bzw. die Menschen von Jesus verlassen worden sind.

Die allgemeinste Reaktion des Kindes nun ist die Übernahme der Schuld, die eigentlich die Schuld der Eltern ist und sich im Kind als sein Schuldgefühl wiederfindet. Und so in der Passionsgeschichte: Die Jünger denken gar nicht protestierend: Wie konntest du dich derart in Gefahr bringen, warum hast du nicht alles getan, um bei uns bleiben zu können? Noch weniger konnten sie Gottes letztlich unbegreiflichen Plan, den eigenen Sohn opfern zu wollen, angreifen, weder gedanklich noch emotional – wie kann man Wut gegen Gott entwickeln? (Hiob allerdings klagt ihn an; und einen geringfügigen Protest sieht Blumenberg in Jesu Bitte, den Kelch, wenn möglich, an ihm vorbeigehen zu lassen, und auch in der vorwurfsvollen Frage, warum der Vater ihn verlassen habe.)

Opfer jeder Gewalt, auch Opfer von Verlusten, müssten erst einmal abwehrend Wut entwickeln – das können sie aber nicht, wenn die Gewalt zu groß ist oder sie vom Täter abhängig sind, Kindern von Eltern zumal. Jedes Kind, das einen Elternteil verliert, reagiert aggressiv, wenn es offene Aggression überhaupt riskieren kann, sonst muss es sie verdrängen oder verleugnen. In diesem Zusammenhang könnte man Judas' Verrat auch als aggressive Reaktion gegen Jesus, der ihn verlassen will, verstehen – das Motiv Eifersucht liegt ja schon nahe, wenn man annimmt, Jesus liebte das »fromme Weib« mehr als die Jünger; das wäre auch eine Art von Im-Stich-Lassen. So würde Judas aus Wut und Rache handeln, und wie auf ein gegen die Mutter wütendes Kind fällt die Aggression furchtbar auf ihn zurück.

Auch Angst ist die gewöhnliche Reaktion eines Kindes auf Verlust, das ist die Angst der Orientierungslosigkeit der »verlassenen Küchlein«. Muss man nicht annehmen, dass Petrus aus Angst nicht zugeben konnte, zu Jesus zu gehören, aus Angst, nicht nur ohne »mütterlichen« Beistand zu sein, sondern auch Opfer derselben Gewalt zu werden, die ihm die »Mutter« genommen hatte, wenn er sich zu ihr bekennen würde? Da Petrus aus Schwäche handelte, war es ihm leichter möglich, wirklich zu bereuen, während Judas sich nicht (vor sich und anderen) zu seinen niederen Motiven bekennen konnte (und wenn dann doch, so nur aus Angst vor den Folgen). Aber wenig ist in der Matthäus-Passion von den verlassenen Jüngern, den »Küchlein«, die die Glucke verloren haben, die Rede; viel dagegen von der Schuld der Kinder, dass sie ihrerseits die Mutter verlassen und verraten haben, dass sie überhaupt schuld sind an der Notwendigkeit der Opferung der Mutter! Auf die Familie übertragen, habe ich das Schuldgefühl eines ungewollten Kindes, das sich schuldig fühlt, überhaupt am Leben zu sein, zu existieren, »Basis-Schuldgefühl« genannt (Hirsch 1997). Ein solches Kind nimmt durch die Identifikation mit dem Aggressor (Ferenczi 1933) den Eltern die Schuld, die zum Schuldgefühl des Opfers wird. Und so kann man die Passionsgeschichte als Abbild allgemeinster Verhältnisse menschlichen Zusammenlebens verstehen: Die Schuld der Mächtigen (der Eltern) wird nicht befragt, schuldig (sündig) sind die Schwachen (die Kinder), und sie fühlen sich auch so.

8 Formen der Identifikation des Hörers mit dem Passionsgeschehen

8.1 Die Identifikation mit einem Ich-starken, empörten Kind

Die Identifikation mit einem Ich-starken, empörten Kind, das sich selbstbewusst-aggressiv gegen das Verlassen-Werden wehrt; diese Form ist in dem ganzen Zusammenhang eigentlich kaum denkbar. Zu unerbittlich ist der – noch dazu prophetisch vorbestimmte – Ablauf des Geschehens, zu ungleich Macht und Ohnmacht verteilt, die Angst zu groß, als dass jemand von den Beteiligten wirklich hätte rebellieren können. Trotzdem gibt es in der Matthäus-Passion mehr oder weniger trotzige oder andererseits mehr oder weniger zaghafte Versuche der Auflehnung: Einer der Jünger (in der Johannes-Passion ist es Petrus) zieht das Schwert und schlägt einem der Schergen, die Jesus verhaften wollen, ein Ohr ab. Oder es erhebt sich nach der Gefangenname Jesu ein aufgeregter Protest: »Lasst ihn, haltet, bindet nicht!« (Nr. 27a). Nach der Geißelung protestiert die Alt-Stimme: »Ihr Henker, haltet ein!« (Nr. 51). Und nachdem Judas begriffen hat, was er angerichtet hat, und versucht, es rückgängig zu machen, wird die Forderung gestellt: »Gebt mir meinen Jesum wieder!« (Nr. 42).

Auch Jesus wehrt sich nach dem allgemeinen Verständnis der Passion nicht, wenn auch Blumenberg (1988, S. 195f.) aufzeigt: Die »Gottesknechtschaft« Jesu ist nicht so absolut wie man denken möchte, er lehnt sich gegen das Gebot des Vaters, er solle sich opfern lassen, durch die dreimalige Frage auf, ob der Kelch nicht von ihm gehen könne. Jesus »bäumt sich auf«, »er rechtet mit dem Vater [...] Jesus denkt das Undenkbare [...]« (ebd.). Für Blumenberg ist deshalb Jesus nicht ganz unschuldig: »Es gab für den Menschensohn nicht so etwas wie ›Heilspflicht‹ gegenüber der Menschheit« (ebd., S. 198). Aber diese Empörung gegen den Vater ist angesichts seiner Unterwerfung zu vernachlässigen und spielt auch in der Matthäus-Passion kaum eine Rolle (Blumenberg). Vielleicht kann man Kritik oder Vorwurf am ehesten noch in der Frage an den Vater finden: »Mein Gott, warum hast du mich verlassen?« (Nr. 61a).

8.2 Identifikation mit Jesu als Leidendem, Verlassenem

Schon der Eingangschor: »Kommt, ihr Töchter, helft mir klagen [...]« wird von Wolff (2000, S. 325) so verstanden: »Zion ruft die Gläubigen zum Mitleiden auf.« Also nicht nur klagen sollen die

Gläubigen, sie sollen mitleiden, unmittelbar Jesu Leiden empfinden und mit ihm teilen. Durch den sowohl drängenden als auch zögernden Charakters des Trauermarschs in e-Moll in eine unbestimmte Spannung versetzt, fließen die Tränen des Hörers (spätestens) nach dem Einsatz des Ripieno-Soprans, in strahlendem, sozusagen unschuldigem Dur: »O Lamm Gottes unschuldig« (vgl. Hirsch 2006b). Es ist die Unschuld des Kindes, das wir alle einmal waren, die wir verloren haben, sowohl durch das, was uns angetan wurde, als auch durch das, was wir selbst zu verantworten hatten. Diese Form der Identifikation ist die mit dem verlassenen Kind Jesus, das das gleiche Schicksal hat: Verlassen und geopfert werden, die Schuld auf sich nehmen, obwohl es primär unschuldig ist. In dieser Identifikation mit dem verlassenen Kind ist der Hörer schon zu Tränen erschüttert, als Jesus nach seiner Gefangennahme alleingelassen wird: »Da verließen ihn alle Jünger und flohen« (Nr. 28). In der *Urfassung* der Matthäus-Passion beschwört der Choral gleich anschließend die Bereitschaft der Gemeinde (des Kindes):

> »Jesum lass ich nicht von mir,
> geh ihm ewig an der Seiten;
> […] meinen Jesum lass ich nicht« (Nr. 29x).

Das ist eines der vielen Beispiele der kindlichen Beteuerung der Gemeinde, gerade dann für Jesus da zu sein, wenn er verlassen wird, ihm das zu geben, was ihm gerade genommen wird (»Rollenumkehr«, s.u.). Die Alt-Stimme übernimmt häufig den Part der klagenden, mitleidenden Begleiterin, mit der der Hörer sich identifizieren wird. Beispiele sind: »So ist mein Jesus nun gefangen« (Nr. 27a), »Ach, nun ist mein Jesus hin« (Nr. 30), »Erbarme dich, mein Gott« (Nr. 39); auch das Angebot, das Herz als Opfergabe hinzugeben, gehört hierher (Nr. 52), kurz nachdem die Alt-Stimme vergeblich an das Mitgefühl der Henker appelliert hat: »Ihr Henker, haltet ein! Erweichet euch der Seelenschmerz, der Anblick solchen Jammers nicht?«

8.3 »Identifikation mit dem Aggressor«

Eine dritte Form der Identifikation des Hörers der Matthäus-Passion ist die mit dem schuldigen, im theologischen Zusammenhang sündigen Täter. Die Passionsgeschichte gibt die Schuld am Tode Jesu erst einmal dem Verräter Judas, wenn auch die anderen elf Jünger (Kinder) durchaus von sich selbst annehmen, dass auch sie zur selben Tat imstande sein könnten: »Herr, bin ich's, bin ich's [...].« Leider wird durch die Gleichsetzung Judas = Jude die unselige christliche Tradition begründet, das jüdische Volk kollektiv sündenbockartig für alles mögliche Unheil, letztlich für die in der Gemeinschaft der Christen enthaltene eigene Aggressivität verantwortlich zu machen (vgl. Girard 1972; 1982). Darüber hinaus wird geflissentlich übersehen, dass Jesus sich selbst stets als Jude gesehen hat, dass nicht einmal die streitenden Parteien der Herrschenden einig über Jesu Tod waren, dem »ganzen Volk« der Juden die Schuld zu geben also absurd ist (vgl. Schnädelbach 2000, S. 42).

Die Identifikation des Hörers mit dem am Tod Gottes Schuldigen wird am meisten in den Chorälen der Gemeinde deutlich: »Ich bin's, ich sollte büßen […]« (Nr. 10), »[…] dass er für uns geopfert würd', trüg unsrer Sünden schwere Bürd' […]« (Nr. 29), »Du bist ja nicht ein Sünder, wie wir unsere Kinder […]« (Nr. 37), »Ich verleugne nicht die Schuld […]« (Nr. 40). Der christliche Hörer bekennt sich zu seiner Sünde, die schließlich den Opfertod, die Übernahme der Schuld durch den Geopferten, notwendig machte. Damit ist allerdings die Erlösung von der menschheitsimmanenten Schuld verbunden; die Befreiung von Schuld setzt aber ihre reuige Anerkennung voraus. Die ganze Wucht der Schuld und ihrer Folgen überfällt den Hörer, der sich mit Judas identifiziert, wenn Blitze, Donner und Erdbeben sein Verderben heraufbeschwören. Auch die Identifikation mit Petrus, der Jesus verrät, und seine Tränen der Reue werden den Hörer erschüttern, eigentlich sind es alle Jünger, die mit Jesu nicht wachen können und ihn allein lassen, wie das schwache Menschenkind, das sich in ihnen wiederfindet.

Sind der Hörer, die Gemeinde und die Jünger die »Küchlein«, die zwar die Schuld auf sich nehmen, aber wie Kinder nicht (primär) schuldig sind – wo liegt dann die Schuld? Familiendynamisch wäre Jesus wie ein großer Bruder der Jünger bzw. der Gläubigen, oder wie schon einmal angedeutet, die zwar ohnmächtige Mutter, die aber doch mitverantwortlich ist für das Verlassen der »Kinder«. Der mächtige Vater wäre dann der wirklich Schuldige, dessen Schuld durch die Identifikation mit dem Aggressor vom Kind übernommen wird. (In der Matthäus-Passion tut es Jesu nicht leid, die Jünger verlassen zu müssen, ständig macht er ihnen im Gegenteil Vorwürfe, *ihn* allein zu lassen.) Identifikation mit dem Aggressor bedeutet aber keine theologische Aussage, vielmehr eine psychologische aus der Perspektive des Hörers (des Kindes), der *seine* Erfahrungen in dem Passionsgeschehen wiedererlebt. So wird Blumenberg Tränen über die Schuld Gottes weinen, aber es sind eben *seine* Tränen.

Blumenberg (1988, S. 249) beharrt auf seinem Tabu-Bruch, auf die Schuld Gottes hinzuweisen: »Die menschheitsalten Vater-Sohn-Konflikte enden natürlicherweise mit dem Tod des Vaters. Jener eine Konflikt, der im Garten Gethsemane ausgetragen wurde, endete mit dem Tod des Sohnes.« Das ist natürlich eine Provokation und wird von Blumenberg selbst wieder relativiert. Aber trotzdem: »Dieses eine Mal lässt der Vater den Sohn in dem Elend, das er ihm aus unerfindlich-unergründlichen Gründen auferlegt hat.« Blumenberg fragt, ob nicht auch dieser Vater etwas empfindet, ob nicht auch für ihn selbst der unergründliche Ratschluss unergründlich bleiben muss: »Auch der Vater – oder darf der gläubige Hörer der Matthäus-Passion so nicht denken? – setzt sich *mit Tränen* nieder, als einer der Fassungslosen, zu denen die Gewalt der Passionsmusik die Gemeinde gemacht hat« (Blumenberg 1988, S. 250f.). Dieses eine Mal lässt der Vater den Sohn im Elend? Ist es nicht ein grundlegendes Muster unserer Kultur, dass das Wohl des Kindes hinter den Interessen des Vaters zurückstehen muss, dass schließlich die Söhne die Kriege der Väter führen müssen, familiendynamisch die Kinder mit meist völlig irrationalen Begründungen Ziel der Aggression sind, die die Eltern nicht austragen, aus Angst, die Familie könnte zusammenbrechen? Ist es nicht im zynischen Extremfall die Tochter, deren Missbrauch durch den Vater eben diesem Familienzusammenhalt dienen soll (vgl. Hirsch 1987; 1997; 2006a)? Weiter Blumenberg:

> »Wir blicken auf die Passion des Sohnes. Sein Gehorsam, seine Leidenswilligkeit, seine Todesgröße haben die Jahrtausende ergriffen. Wir genieren uns des Vaters, der […] bei der Jordan-Taufe dem Sohn zugesprochen hatte, er sei der *Vielgeliebte meines*

> *Wohlgefallens*. Das mochte der Sohn nicht vergessen haben, als er nach dem Vater schrie. Und die ganze Passion bekommt eine Dimension, an die wir zu denken nicht wagen, wenn wir in ihr das Elend des anderen ›verlorenen Sohnes‹, des Vaterverlassenen in seiner Einsamkeit wahrnehmen« (ebd.).

Ich denke, die meisten Tränen des Hörers fließen in der Identifikation mit dem Vater-Verlassenen, neben dem Schmerz werden sie heimlich Wut und Auflehnung enthalten.

Es geht hier nicht wie zuvor um das schuldige Kind, sondern um die Schuld der Eltern an ihren Kindern, und wenn das Wort »Schuld« zu hart klingen sollte, dann eben milder: »Verantwortung« für das Kind. Der Pelikan-Mythos hat nämlich – und das haben die frühen Christen unterschlagen, die das antike Pelikan-Bild auf die Christus-Mutter anwendeten (s.o. S. 104) – die primäre Schuld den Eltern gegeben: Die Pelikan-Eltern waren müde, die gierigen Pelikanküken zu füttern. Deshalb starben die Kinder (und nicht, wie im Physiologus, weil die Kinder die Eltern hackten, worauf sie zurückhackten), und nun erst packte die Mutter (den Vater aber nicht …) die Reue, und sie hackte sich die Brust auf; ihr Blut erweckte die toten Kinder wieder zum Leben. Nicht ihre Gier machte die Kinder schuldig – das wäre eine Schuld, vital zu sein, überleben und Nahrung haben zu wollen (vgl. Hirsch 1997; das wäre auch die kleinianische Vorstellung: aggressiver Neid zerstört die Mutter; Weimer zufolge Jesus in der Passion) –, sondern die Unfähigkeit der Eltern, genügend gute Eltern zu sein und dafür die Verantwortung zu tragen. In der Identifikation mit dem verlassenen Jesus erleben wir ihn als Kind, das vom Vater verlassen und unschuldig geopfert wurde. Das fragt ja auch Blumenberg in seinem Buch *Matthäus-Passion* durchgehend: Sind die Menschen schuldig, obwohl sie Gott so geschaffen hat, dass sie so sind, dass sie schuldig werden *müssen*? Wo liegt die Schuld? Ist Gott nicht mit dem Konzept der Allmacht gescheitert, den Menschen nach seinem Bilde zu schaffen, um ihm dann aber zu verbieten, ihm gleich sein zu wollen (Adams Fall)? Und schließlich zur Passion: War seine Kränkung durch die Menschen so unüberwindbar, dass er Opfer forderte, war ihm etwa das Sohnesopfer Abrahams nicht gut genug, sodass nur der eigene Sohn in Frage kam; und wenn er dieses Opfer forderte, war es nicht ein Skandal, es (im Gegensatz zu Abrahams Opfer) anzunehmen? So gesehen hatte Gott ein Problem mit dem von ihm geschaffenen Menschen und konnte nicht anders, als die Lösung an den eigenen Sohn zu delegieren, nämlich durch seinen Tod die Menschen von der konstruktionsfehlerartigen Sünde zu befreien. Blumenberg (1988, S. 172) spricht von der »Ausblendung der Schöpfung aus dem ganzen Heilsverfahren« (der Passion), d.h. auch Judas dürfte nicht als Sündenbock zum ganz Anderen, einzig Schuldigen gemacht werden, wie es dem Wort zu entnehmen ist:

»Doch wehe dem Menschen, durch welchen des Menschen Sohn verraten wird! Es wäre ihm besser, dass derselbige Mensch noch nie geboren wäre« (Nr. 11). Judas aber gehört auch zur Schöpfung, klagt Blumenberg an.

Die Frage nach der Schuld des Kindes, die Blumenberg implizit auf der theologischen Ebene kritisch stellt, lässt sich auch für die Psychoanalyse in ihrer historischen Entwicklung stellen: Freud beharrte zeitlebens auf dem Primat des Ödipus-Komplexes, der das Kind vor die Aufgabe stellt, seine sexuellen und aggressiven Triebwünsche mit den Forderungen der sozialen Gemeinschaft in Einklang zu bringen; gelingt das nicht, müssen die entsprechenden Konflikte verdrängt werden und münden kompromissartig in psychische Krankheit oder Störung. Das Problem hat jedenfalls das Kind oder der spätere Patient, denn den Anfang bilden seine Triebwünsche, sie machen ihn zu einem schuldigen Kind. Melanie Klein ging dann gar von einer (todes-)triebbedingten Aggression des Säuglings aus, mit welcher es die Eltern zu Opfern seiner Projektionen macht. Der Ödipuskomplex ist so gesehen das Problem des männlichen Kindes, das seine sexuellen Wünsche an die Mutter und die aggressiven Bestrebungen in Rivalität um die Mutter an den Vater richtet (beim Mädchen umgekehrt). Aber wie beim Pelikan-Mythos gibt es auch in diesem einen ersten Teil: Ödipus' Eltern betrauerten ihre Kinderlosigkeit nicht genügend, Iokaste erzwang die Schwangerschaft, indem sie den zögernden Laios betrunken machte, sodass er seinem Kind nicht wirklich zustimmen konnte. Aus Angst vor den vorausgesagten Untaten des Kindes – sind diese prophezeiten Verbrechen nicht als Projektionen der Eltern zu verstehen? – setzten sie es in Tötungsabsicht aus. Auch die Adoptiveltern, die ihn aufnahmen, handelten schuldhaft, indem sie seine wahre Herkunft verschwiegen, sodass er sie verließ, nachdem ihm selbst seine Verbrechen prophezeit worden waren, um sich nicht schuldig zu machen, wodurch er aber erst auf die leiblichen Eltern treffen konnte und das Orakel sich erfüllte.

In der Psychoanalysegeschichte war es Ferenczi, der die Schuldfrage zurechtrückte und der realen elterlichen Umwelt und ihrem relativen Versagen in der Beziehung zum Kind den gebührenden Platz gab. Ferenczi (1929) stellte die Frage nach dem von den Eltern nicht willkommen geheißenen Kind und was es mit seinem Todestrieb auf sich hätte – da die Eltern es ungefragt gezeugt und dann nicht genügend gewollt hatten, neige sich Ferenczi zufolge das Gleichgewicht zwischen Lebens- und Todestrieb zugunsten des letzteren, bis hin zur Suizidalität, auf diese Weise würde das Kind sein Leben als so wertlos, als unwert, betrachten wie die Eltern damals (vgl. Hirsch 2006a). Dasselbe meint Blumenberg mit der »Ausblendung der Schöpfung« (1988, S. 172) und ist empört über das Wort, das Judas vernichtet: »Es wäre ihm besser, dass derselbige Mensch noch nie geboren wäre«, denn dass es besser wäre, sollte am Kind, an *seiner* Schuld liegen, während er doch so von Gottvater geschaffen worden ist. Es gibt so etwas wie den »›Sünder von Anfang an‹; wohl unvermeidlich, der Eine geworden zu sein, und nicht der Andere« (ebd., S. 140). Das ist das Basis-Schuldgefühl, nämlich Schuld an der eigenen bloßen Existenz zu empfinden (Hirsch 1997).

Ferenczi (besonders 1933) hat dann weitere traumatische Einflüsse auf das Kind und die Mechanismen ihrer Internalisierung untersucht, der Introjektion der Gewalt mit der nachfolgenden Identifikation mit dem Aggressor, einer unterwerfenden Identifikation, die dem Täter Recht gibt und dem Opfer die Schuld (vgl. Hirsch 1997; 2001), wie wir schon gesehen haben – das traumatische Schuldgefühl ist die internalisierte Schuld des Täters, die dieser nicht empfindet. Aber die Menschen bleiben keine Kinder, sie haben bald die Verantwortung für ihr Leben selbst und machen sich in irgendeiner Weise wieder schuldig an ihren Kindern … Und sie können auch nicht aus ihrer prinzipiellen und jeweils persönlichen Schuld entlassen werden dadurch, dass sie einen Gott haben, der sie unvollkommen erschaffen hat.

8.4 Identifikation mit der Rollenumkehrforderung

Eine Folge der Identifikation mit dem Aggressor nach Ferenczi ist die sozusagen freudige Annahme der Delegation von Elternfunktionen durch das Kind, das in einer parentifizierenden Rollenumkehr in vielfältiger Weise für die Eltern sorgen soll und es dann auch will, nicht zuletzt um dadurch beizutragen, die Eltern aus ihrem Unglück zu retten, damit sie wieder bessere Eltern werden können. Das aber wird das Kind nie erreichen, und in der Identifikation mit dieser Aufgabe wird es wegen seines Versagens an ihr weitere Schuldgefühle entwickeln.

Der verlassene, geopferte Jesus ist die leidende Mutter für das Kind, die gläubige Seele. Der tote Jesus ist für die Gemeinde wie die »tote Mutter« Greens (1983), die psychisch abwesend aus eigenem Kummer für das Kind nicht sorgen kann. Maria Bergmann (1995, S. 334) hat in diesem Sinne für das Kind, dessen Eltern Überlebende des Holocaust waren, herausgefunden: »Ein solches Kind hat das Gefühl, dafür ›zahlen‹ zu müssen, dass es zur Welt kam und überlebt hat, während so viele andere ermordet wurden. […] Trotz der Tatsache, dass sie Kinder überlebender Juden waren, stellten wir in unseren Untersuchungen häufig fest, dass sie sich mit Christus identifizierten. Man kann darüber spekulieren, ob die wiederkehrende Phantasie, in der das Kind eines Überlebenden sich mit dem leidenden Christus identifiziert, nicht nur eine Identifizierung mit einem unschuldigen Opfer zum Ausdruck bringt, das für die Verbrechen anderer leiden und sterben musste, sondern darüber hinaus auch eine Identifizierung mit einem Kind, das auf wunderbare Weise geboren wurde und dazu ausersehen war, in seinem späteren Leben andere Menschen durch seine Taten zu erlösen. Die Wunder Jesu linderten Leiden und retteten diejenigen, die es verdienten. Er nahm das Schicksal der Opfer auf sich und befreite sie.« Das Kind will etwas tun, als könnte es das wirklich, um das Leid der Mutter zu mildern, es opfert sich.

> »Ach, könnte meine Liebe dir,
> mein Heil, dein Zittern und dein Zagen
> vermindern oder helfen tragen,
> wie gerne blieb ich hier« (Nr. 19).

Wenn die Jünger schlafen, folgt die Beteuerung des Gläubigen auf dem Fuße: »Ich will bei meinem Jesu wachen […]« (Nr. 20). Kindlich zuversichtlich verspricht das Kind, was es ja doch nicht halten kann. Und der Chor versucht sich zu beruhigen: »So schlafen unsere Sünden ein […]«, die Schuld des Kindes, die es durch Rollenumkehr wieder gutmachen will. Eine ähnliche Willensbekundung findet sich im Choral Nr. 17:

»Ich will hier bei dir stehen;
verachte mich doch nicht!
Von dir will ich nicht gehen […].«

Und in einem Accompagnato (Nr. 56):

»Ja freilich will in uns das Fleisch und Blut
zum Kreuz gezwungen sein […]«,

und in der anschließenden Arie (Nr. 57):

»Komm, süßes Kreuz, so will ich sagen,
mein Jesu, gib es immer her.«

Die Identifikation mit der Opferbereitschaft des »Kindes«, die ich als Rollenumkehr verstehe, lädt den Hörer zum Mit-Trauern angesichts der Tragik ein, die in der Unauflösbarkeit des Konflikts zwischen gutem Willen und der Unfähigkeit, ihn zu realisieren, liegt. Jesus ist empört und traurig, dass die Jünger schlafen und ihn im Stich lassen, aber überfordert er sie nicht wie sorgenvolle Eltern die Kinder, die mit Recht ein durchschnittlich sorgloses Leben erwarten – die Jünger, meint Blumenberg, hatten ja keine Ahnung von Tod und Kreuzigung, sie erwarteten einen triumphalen Empfang in Jerusalem. Und wäre Petrus ein Kind, oder *wie* ein Kind, wäre es dann nicht zuviel verlangt, wenn er sein Versprechen hielte, dem Herrn bis in den Tod zu folgen. Aber das kindliche Erschrecken, wenn Petrus aus der Unbewusstheit erwacht und realisieren muss, dass er sein Versprechen nicht halten konnte, ruft »bittere« Tränen der Reue und der Scham hervor, weil er mit der Rollenumkehrforderung identifiziert ist.

Interessant ist, dass offenbar die Grenze, die Selbst-Objekt-Grenze, zwischen der gläubigen Seele, die dem geopferten Jesus zur Seite springt (springen will), und dem erlösenden Christus selbst recht dünn ist. Im Choralsatz Nr. 17 heißt es:

»Wenn dein Herz wird erblassen
im letzten Todesstoß,
als denn will ich dich fassen
in meinen Arm und Schoß.«

D.h. das »Kind« will die leidende »Mutter« in den Arm nehmen; gegen Ende jedoch sollen »die verlassenen Küchlein« in Jesu Armen Erlösung finden (Nr. 60). Und gleich darauf wieder ein Wechsel der mütterlichen Rolle, gleich nach dem Tod Jesu:

»Wenn ich einmal soll scheiden,
so scheide nicht von mir,
wenn ich den Tod soll leiden,
so tritt du denn herfür!« (Nr. 62).

Die Vertauschbarkeit der Rollen findet ebenso in Nr. 57 statt:

»Komm, süßes Kreuz, so will ich sagen,
mein Jesu, gib es immer her.
Wird mir mein Leiden einst zu schwer,
so hilfst du mir es selber tragen.«

Die Grenzen zwischen Leidendem und Heilendem, Opfer und Retter, Unschuldigem und Schuldigem, Mutter und Kind sind schwach, die Rollen wechseln. Schließlich ist Jesus auch ein Opfer nicht nur des Vater-Willens, sondern er muss sich auch unterwerfend mit einer Aufgabe identifizieren, die nicht eigentlich die seine ist, sondern die des Vaters, der sie selbst nicht bewältigen kann. Jesus schwankt zwischen der Rolle des Opferlamms und der des Hirten der Schafe.

9 Trauerarbeit

Man kann die Matthäus-Passion auch als psychologisches Drama der Bewältigung eines schweren Verlusts verstehen, stellvertretend für den Hörer – der gleichwohl mit-leidet, mit-trauert, mit-loslässt und anerkennt. Auch Blumenberg (1988, S. 256) sieht das so: »Sie [die Rhetorik der Matthäus-Passion] stürzt durch die Gewalt ihrer Vergegenwärtigungen ihr Publikum ins Elend – und reißt es Kraft ihrer imaginären Veränderungen aus ihm wieder heraus [...]. Und darin passte auf sie, besser als jede klassische Theorie der Beredsamkeit, die Theorie des Aristoteles von der Wirkung der Tragödie, die in Mitleid und Furcht hineintrieb und in homöopathischer Wirksamkeit gereinigt aus ihnen wieder hervorgehen ließ.« Martin Geck (2000, S. 2) spricht direkt von Trauerarbeit, und wir finden in der Matthäus-Passion alle Phasen emotionaler Zustände, die zum Prozess der Trauerarbeit gehören: Verleugnung (vielleicht kann man Petri Verleugnung der Beziehung zu Jesu dazu zählen), empörtes Aufbegehren (z.B. »Lasst ihn, haltet, bindet nicht!«), endloses Mit-Leiden und Trauern (besonders von der Alt-Stimme repräsentiert), immer wieder Schuld (extrem am Beispiel Judas' geschildert, der aber auch für uns alle steht), Schuldgefühl (das vertritt am meisten der Choral, die Gemeinde), auch Scham (Petri bittere Tränen), schließlich Tod, Anerkennung des Unvermeidlichen, und sogar eine gewisse erlöste Heiterkeit (für mich am ehesten repräsentiert in den Rezitativen »Am Abend, da es kühle ward« [Nr. 64], »Nun ist der Herr zur Ruh gebracht« [Nr. 67] mit dem kindlichen Wunsch: »Mein Jesu, Gute Nacht« des Chores, der Arie »Mache dich, mein Herze, rein« [Nr. 65] und natürlich dem Schlusschor, der Trauer und Trost so unglaublich überzeugend verbindet). Eher theologisch formuliert Axmacher (1985, S. 53): »Christi Leiden bewirkt also in uns Leid über uns selbst, d.h. Reue und Buße, dann aber – und darauf vor allem zielt diese Passionsbetrachtung – Trost und Freude über die Versöhnung mit Gott.«

10 Anerkennung des eigenen Todes

Wenn Heinrich Heine (1829, S. 245) halb ernsthaft, halb spöttisch sagt: »Nur der verwandte Schmerz entlockt uns die Träne, und jeder weint eigentlich für sich selbst« (das bedeutet für mich: »Jeder weint eigentlich *um* sich selbst«), meint er sicher, dass jeder in dem Menschen oder dem Ereignis, den oder das er beweint, sich selbst identifikatorisch erlebt. So wird man in der Passion auf das Ende des eigenen Lebens hingewiesen, und wenn man sich nicht göttlichem Gebot beugt, wie Jesus schließlich nach geringem, aber dreimaligem Aufbegehren, dann wird man sich dem Gesetz des Lebens, das ein Ende haben muss, fügen müssen. Mit Christus blickt der Hörer in den Abgrund der Hölle, des Hades kann man auch sagen (Blumenberg 1988, S. 57, spricht vom »Hadesabstieg während der Grabesruhezeit«), und ich finde den Zusammenhang mit dem Orpheus-Mythos nicht zu künstlich hergestellt, handelt doch auch dieser von der Auflehnung gegen den Tod, die sich in einem (Trauer-)Prozess in seine Anerkennung wandelt. »Im Gesang vergegenwärtigt er [Orpheus] erneut Eurydike, aber jetzt nicht mehr mit dem Anspruch, sie zu besitzen – ein erneuter Zugang zum Hades bleibt ihm verschlossen – sondern mit der klaren Erkenntnis der notwendigen Trennung« (Leikert 2005, S. 61). Im Orpheus-Mythos geht es zwar um Anerkennung des Verlusts eines Liebesobjekts, des Primärobjekts letztlich; aber Anerkennung des Todes, soweit das überhaupt mit den beschränkten kognitiven Mitteln des Menschen zu erreichen ist, bedeutet für mich die Anerkennung des Lebens. Indem man sein Ende begreift, akzeptiert man auch das nicht mehr veränderbare Leben, seinen Anfang auch, der ja ein Ende des intrauterinen – noch immer relativen – Paradieses war, und ebenso den Verlust des »Primärobjekts«, überhaupt die im Lebenslauf notwendigen Trennungen. Leikert (ebd.) bezieht sich auf die Akzeptierung des Verlusts, die durch die Musik erleichtert oder überhaupt erst möglich wird: Die Hadesfahrt des Musikerlebens lässt sich als eine doppelte Bewegung begreifen:

> »Zunächst suggeriert die Musik, wieder den Zugang zum verlorenen Objekt zu eröffnen und ergreift uns in unserer Körperlichkeit, wie weder Sprache noch Bild es vermögen. Dann aber ermöglicht sie es, den Verlust des primären Objekts zu erleben und zu ertragen. In der Musikerfahrung rücken diese Momente zuweilen in eins. In einer plötzlichen Ergriffenheit ist es, als spüre man die unverbrüchliche Nähe des Verlorenen, in die Evidenz des Wiederfindens mischt sich jedoch der Schmerz des sicheren Verlusts.«

An anderer Stelle heißt es: Musik »kann [...] auch das primäre Objekt aufrufen, um es als verlorenes zu beweinen; erst dadurch begütigt sie den Trauernden« (ebd., S. 59). Ich denke, man kann eine derartige Funktion der Musik auch auf den Verlust des Lebens (und damit seinen ebenso unbegreiflichen Anfang) beziehen – die Musik Bachs hält dem Hörer sowohl seinen Tod vor Augen, als sie ihm auch eine Art Trost, ein Sinngefühl gibt, jedenfalls für einen Moment das Gefühl, in eine höhere Ordnung eingebettet und nicht allein zu sein: »Der zum Weinen Entlassene zweifelt an diesem Tode nicht. Mehr braucht er nicht, um angesichts des seinen getröstet zu sein« (Blumenberg 1988, S. 236).

11 Schluss

Der Text der Matthäus-Passion ist ein knapper Bericht über ein dramatisches historisches Geschehen, das aber voller Symbolgehalt Metaphern für die Grundtatsachen des Menschseins liefert: Verlust des Paradieses, des Primärobjekts, Schuld und ihre Bewältigung, Beziehungsfähigkeit und Paranoia, Versöhnung und Vergebung, schließlich die Konfrontation mit dem Tod. Ich finde es nahe liegend, die Geschichten des Alten Testaments und auch die des Neuen mythologisch zu verstehen – dann würde die historische Gestalt Jesu zur Mythenbildung verwendet –, als Metaphern zu verstehen für bestimmte Bereiche der conditio humana: Alle sind wir Kinder von Eltern, alle Menschen sind im Grunde hilflos der Natur gegenüber, die uns entlassen hat aus dem instinktgesteuerten Eingebettet-Sein und uns damit in gewissem Sinne allein gelassen hat (das ist für mich der Sinn des Paradies-Mythos; vgl. Hirsch 1997), uns einer Natur gegenübergestellt hat, die wir zerstören müssen, um unser Leben aufzubauen, unser Haus und das Zusammenleben mit anderen Menschen selbst gestalten *müssen* und uns damit schuldig machen *müssen*; und das in Kenntnis des Todes, den wir nie wirklich werden begreifen können. Deshalb versuche ich das Passionsgeschehen als Metapher für einen Ausweg aus der nie endenden Schuld des Menschen zu begreifen, aber auch als eine Aussicht auf Minderung unserer Schuld durch ihre Anerkennung mit dem Affekt der Reue, der Schuld unseren Kindern gegenüber, auch eine Möglichkeit, uns mit unseren – schuldigen – Eltern zu versöhnen. Die Matthäus-Passion fordert verschiedene Identifikationen auf verschiedenen Ebenen heraus, sodass sie eine Art vorbewussten Erkenntnisgewinn, wenn nicht eine Katharsis bewirkt, gerade auch für den »nachchristlichen« Hörer, den »Ungläubigen« (Blumenberg 1988, S. 246), geht es doch um allgemein kindliche und menschliche Lebensbedingungen: Verlassensangst – Schuld – Aggression – Trauer – Versöhnung – Konfrontation mit dem Tod.

Bachs Musik ermöglicht uns, diese Metaphern mit Affekten zu verbinden, die sie im Hörer hervorruft, wie es der bloße Text nicht erreicht, und so kann sie der Hörer bewusst oder vorbewusst mit dem eigenen Leben, mit seinen Erinnerungen und Zukunftsvorstellungen verbinden. Diese Musik versetzt uns überhaupt erst in die Lage, einen Eindruck, eine Ahnung von der unbegreiflichen, auch absurden Zufälligkeit eines jeden Lebens und seines Todes zu bekommen. Einen solchen Erkenntnisprozess kann man auch als Trauerarbeit – Trauer über das Leben an sich und sein Ende – verstehen, die letztlich, wie Hanna Segal (1952, S. 204f., Übersetzung M.H.) meint, zuerst einmal der Künstler für uns getan hat: »Wenn der Künstler eine Tragödie verfasst, nehme ich an, dass sein Erfolg von seiner Fähigkeit abhängt, seine depressiven Phantasien und Ängste im ganzen Ausmaß anzuerkennen und auszudrücken. Indem er sie ausdrückt, vollzieht er eine ähnliche Arbeit wie die Trauerarbeit, in der er innerlich eine harmonische Welt neu erschafft, die in sein Kunstwerk projiziert wird. Der Leser identifiziert sich mit dem Autor durch das Medium des Kunstwerks. Auf diese Weise erfährt er seine eigenen frühen depressiven Ängste wieder, und durch die Identifikation mit dem Künstler erlebt er einen erfolgreichen Trauerprozess, etabliert erneut seine eigenen inneren Objekte und seine eigene innere Welt und fühlt sich dadurch re-integriert und bereichert.« Darin wird der Trost liegen; aber wie die Musik, die flüchtig ist in der Zeit, hält er nicht lange vor, und so wird man sich ein Ritual schaffen, in dem man sich jedes Frühjahr in den Abgrund dieser Passionsmusik Johann Sebastian Bachs – und wieder hinaus – begibt.

Anmerkungen

1 BWV: Bach-Werkeverzeichnis

2 Die Durchnummerierung folgt der Neuen Ausgabe sämtlicher Werke.

3 Auch in der Markus-Passion Reinhard Keisers, die Bach bearbeitet und in Leipzig aufgeführt hat, findet sich ein Beispiel pietistisch-erotischer Braut(-Seele)-Bräutigam(-Jesus)-Vereinigung:

»Wenn nun der Leib wird sterben müssen
so soll die Seele Jesum küssen
auf seinen göttlich selgen Mund.«

4 Eine differenzierte Sichtweise des religiösen Antijudaismus (nicht Antisemitismus!) Bachs findet sich in einem Interview mit dem Musikwissenschaftler Gert Rienäcker vom 28.07.2000 (Bachs 250. Todestag) in der Wochenzeitung *Freitag*: »Kreuziget ihn!« (www.freitag.de/2000/31/000310301.htm; gesehen am 22.10.2006).

5 Spitta (1921, S. 387) macht darauf aufmerksam, dass das Bild von Henne und Küken aus Matthäus 23, 37 stammt: »Wie oft habe ich deine Kinder versammeln wollen, wie eine Henne versammelt ihre Küchlein unter ihre Flügel.«

Literatur

Adorno, T. W. (1928): Schubert. In: Moments musicaux. Frankfurt am Main (Suhrkamp), S. 18–36, 1964.

Axmacher, E. (1984): »Aus Liebe will mein Heyland sterben.« Untersuchungen zum Wandel des Passionsverständnisses im frühen 18. Jahrhundert. In: Beiträge zur theologischen Bachforschung, Bd. 2. Stuttgart (Neuhausen).

Axmacher, E. (1985): Die Deutung der Passion Jesu im Text der Matthäus-Passion von J. S. Bach. In: Luther. Z.: Luther-Gesellschaft 56, 49–69.

Bach, J. S. (o. J.): Matthäus-Passion. Hrsg. von Alfred Dürr. Kassel (Bärenreiter) und Deutscher Verlag für Musik (Leipzig), 5. Aufl. 1990.

Bergmann, M. V. (1995): Überlegungen zur Über-Ich-Pathologie Überlebender und ihrer Kinder. In: Bergmann, M. S.; Jucovy, M. E. & Kestenberg, J. S. (Hg.): Kinder der Opfer, Kinder der Täter. Psychoanalyse und Holocaust. Frankfurt am Main (Fischer).

Blumenberg, H. (1988): Matthäuspassion. Frankfurt am Main (Suhrkamp).

Cioran, E. M. (1937): Von Tränen und von Heiligen. Frankfurt am Main (Suhrkamp), 1988.

Domin, H. (1970): Ich will Dich. Gedichte. Frankfurt am Main (Fischer).

Eggebrecht, H. H. (1997): Texte über Musik. Matthäus-Passion. Essen (Die blaue Eule).

Eidam, K. (1999): Das wahre Leben des Johann Sebastian Bach. München/Zürich (Piper).

Ferenczi, S. (1929): Das unwillkommene Kind und sein Todestrieb. Bausteine zur Psychoanalyse III. Bern/Stuttgart/Wien (Huber), 2. Aufl. 1964.

Ferenczi, S. (1933): Sprachverwirrung zwischen den Erwachsenen und dem Kind.

Bausteine zur Psychoanalyse III. Bern/Stuttgart/Wien (Huber), 2. Aufl. 1964.

Freud, S. (1917e) Trauer und Melancholie. G. W. X.

Freud, S. (1930a): Das Unbehagen in der Kultur. G. W. XIV.

Fonagy, P. & Target, M. (2000): Mit der Realität spielen. Zur Doppelgesichtigkeit psychischer Realität von Borderline-Patienten. Psyche – Z. Psychoanal. 55, 961–995, 2001.

Geck, M. (2000): »Denn alles findet bei Bach statt.« Erforschtes und Erfahrenes. Stuttgart (Metzler).

Girard, R. (1972): Das Heilige und die Gewalt. Frankfurt am Main (Fischer), 1992.

Girard, R. (1982): Der Sündenbock. Zürich/Düsseldorf (Benziger), 1988.

Göppel, R. (1990): Die »paranoid-schizoide-Position« und die »depressive Position« im Erleben der Mutter. Jb. Psychoanal. Päd. 2, 101–119.

Green, A. (1983): Die tote Mutter. Psyche – Z. Psychoanal. 47, 205–240, 1993.

Grosskurth, P. (1986): Melanie Klein. Ihre Welt und ihr Werk. Stuttgart (Verlag Internationale Psychoanalyse), 1993.

Haesler, L. (1993): Franz Schuberts Winterreise: Zur Dynamik der psychoanalytischen Entwicklung und ihrer musikalischen Realisierung. In: Gutwinski-Jeggle, J.; Rotmann, M. (Hg): »Die klugen Sinne pflegend«. Tübingen (Edition Diskord).

Heine, H. (1829): Die Bäder von Lucca. Heines Werke in fünf Bänden. Berlin, Weimar (Aufbau-Verlag), 1976.

Henze, H. W. (1983): Diese Musik vergibt uns armen Teufeln. Dankrede zur Verleihung des Bach-Preises der Stadt Hamburg 1983. Die Zeit Nr. 44, 28.10.1983.

Hermann, Imre (1970): Perversion und Hörwelt. Psyche – Z. Psychoanal. 24, 827–840.

Hermann, Iris (2006): Musik, Text und Schmerz in Johann Sebastian Bachs Matthäuspassion. Literaturwiss. Liguistik 7, 30–51.

Hirsch, M. (1987): Realer Inzest. Psychodynamik des sexuellen Missbrauchs in der Familie. 3., überarbeitete Auflage. Gießen (Psychosozial-Verlag), unveränd. Neuaufl. 1999.

Hirsch, M. (1989): Mütter und Söhne – Formen von Männlichkeit im Licht der Mutter-Sohn-Beziehung. In: Pflüger, P. M.: Der Mann im Umbruch. Patriarchat am Ende? Freiburg i. Br. (Walter).

Hirsch, M. (1996): Zwei Arten der Identifikation mit dem Aggressor – nach Ferenczi und nach Anna Freud. Praxis Kinderpsychol. Kinderpsychiat. 45, 198–205.

Hirsch, M. (1997): Schuld und Schuldgefühl – Zur Psychoanalyse von Trauma und Introjekt. Göttingen (Vandenhoeck & Ruprecht).

Hirsch, M. (2001): Außen und Innen: Traumatische Realität und psychische Struktur – Die Bedeutung Ferenczis für Objektbeziehungstheorie und Psychotraumatologie. In: Klöpper, M. & Lindner R. (Hg.): »Destruktivität – Wurzeln und Gesichter«. Göttingen (Vandenhoeck & Ruprecht).

Hirsch, M. (2004): Psychoanalytische Traumatologie – Das Trauma in der Familie – Psychoanalytische Theorie und Therapie schwerer Persönlichkeitsstörungen. Stuttgart (Schattauer).

Hirsch, M. (2006a): Die Opferung des Kindes als eine Grundlage unserer Kultur. In: Hirsch, M. (Hg.): Das Kindesopfer – eine Grundlage unserer Kultur. Gießen (Psychosozial-Verlag).

Hirsch, M. (2006b): Über das Weinen beim Hören der Matthäus-Passion. In: Hirsch, M. (Hg.): Das Kindesopfer – eine Grundlage unserer Kultur. Gießen (Psychosozial-Verlag).

Klausmeier, R.-G. (1986): Der Mythos von Orpheus – Versuch einer psychoanalytischen Interpretation. Jb. d. Psa. 18, 177–194.

Klein, M. (1937): Liebe, Schuldgefühl und Wiedergutmachung. In: Gesammelte Schriften. Bd. I, Teil 2. Stuttgart-Bad Cannstatt (Frommann-Holzboog), 1996.

Kümmerling, H. (1985): Seht! – Wohin? – Sehet! – Was? Passio Domini Nostri Jesu Christi secundum J. S. Bach. Fusa 18, 144–148.

Langer, S. (1965): Philosophie auf neuem Wege. Das Symbol im Denken, im Ritus und in der Kunst. Frankfurt am Main (Suhrkamp), 1984.

Leikert, S. (2001): Der Orpheusmythos und die Symbolisierung des primären Verlustes – genetische und linguistische Aspekte der Musikerfahrung. Psyche – Z. Psychoanal. 55, 1287–1306.

Leikert, S. (2003): Die Stimme als Geliebte – zur Transformation früher Beziehungsengramme in Musik. In: Oberhoff, B. (Hg.): Die Musik als Geliebte – Die Musik als Selbstobjekt. Gießen (Psychosozial-Verlag).

Leikert, S. (2005): Die vergessene Kunst. Der Orpheusmythos und die Psychoanalyse der Musik. Gießen (Psychosozial-Verlag).

Lipson, C. T. (2006): The meanings and functions of tunes that come into one's head. Psychoanal. Qu. 75, 859–978.

Maiello, S. (1999): Das Klangobjekt. Über den pränatalen Ursprung auditiver Gedächtnisspuren. Psyche – Z. Psychoanal. 53, 137–157.

Oberhoff, B. (1999): Christoph Willibald Glucks prä-ödipale Welt: Eine musikalisch-psychoanalytische Studie. Münster (Daedalus).

Oberhoff, B. (2004): Wolfgang Amadeus Mozart – Don Giovanni. Ein psychoanalytischer Opernführer. Gießen (Psychosozial-Verlag).

Oberhoff, B. (2005): Die fötalen Wurzeln der Musik. In: Oberhoff, B. (Hg.): Die seelischen Wurzeln der Musik – Psychoanalytische Erkundungen. Gießen (Psychosozial-Verlag).

Platen, E. (1991): Johann Sebastian Bach. Die Matthäus-Passion. Kassel (Bärenreiter), 3. Aufl. 1999.

Poos, H. (1985): Bachs Theologia crucis in nuce und die Matthäus-Passion. Fusa 18, 148–164.

Racker, H. (1951): Ein Beitrag zur Psychoanalyse der Musik. In: Oberhoff, B. (Hg.): Psychoanalyse und Musik. Eine Bestandsaufnahme. Gießen (Psychosozial-Verlag), 2002.

Rilling, H. (1984): Regulierte Divertimenti für Glaube, Liebe und Hoffnung. Die Welt Nr. 288, 08.12.1984.

Rueger, C. (2000): Johann Sebastian Bach. Wie im Himmel so auf Erden. München, Heyne; Neuaufl. Kreuzlingen, München (Hugendubel-Verlag), 1993.

Schalz, N. (1986): Die Matthäus-Passion oder Bachs widerständige Aktualität. In: Metzger, H.-K. & Riehn, R. (Hg.): Johann Sebastian Bach. Die Passionen. München (Edition Text + Kritik).

Schepker, R.; Scherbaum, N. & Bergmann, F. (1995): Zur pathologischen Trauer bei Kindern nach dem frühen Tod eines Elternteils. Kinderanalyse 3, 260–280.

Schering, A. (1926): Komm, du süße Todesstunde. Bachkantate Nr. 161. Einführungstext. Leipzig/Wien (Eulenburg).

Schnädelbach, H. (2000): Der Fluch des Christentums. Die Zeit Nr. 20, 11.05.2000.

Schmoll, H. (2002): Der Vorhang reißt. FAZ, Karfreitag 2002.

Schreiber, U, (2005): Wer's hört, wird selig. FAZ, 28.01.2005.

Schweitzer, A. (1908): Johann Sebastian Bach. Leipzig (Breitkopf & Härtel), 1947.

Seel, O. (Hrsg.) (1960): Der Physiologus. Tiere und ihre Symbolik. Zürich/München (Artemis), 6. Aufl. 1992.

Segal, H. (1952): A psycho-analytical approach to aesthetics. Int. J. Psycho-Anal. 33, 196–207.

Spitta, P. (1921): Johann Sebastian Bach. Bd. 2, 3. Aufl. Leipzig (Breitkopf & Härtel).

Volkan, V. D. (1972): The linking objects of pathological mourners. Arch. Gen. Psychiat. 27, 215–221.

Walker-Bynum, C. (1991): Fragmentierung und Erlösung. Geschlecht und Körper im Glauben des Mittelalters. Frankfurt am Main (Suhrkamp), 1996.

Werner-Jensen, A. (1993): Johann Sebastian Bach. Bd. 2. Vokalmusik. Stuttgart (Reclam).

Weimer, M. (1991): »Wir setzen uns mit Tränen nieder ...« Die Zerstörung des Objekts und die Wiederherstellung des Subjekts – pastoralpsychologische Gedanken zur Matthäus-Passion von J. S. Bach. Wege zum Menschen 43, 222–238.

Winnicott, D. W. (1963): Die Fähigkeit zur Besorgnis (concern). In: Winnicott, D. W. (1965): Reifungsprozesse und fördernde Umwelt. München (Kindler), 1974.

Wolff, C. (2000): Johann Sebastian Bach. Frankfurt am Main (Fischer).

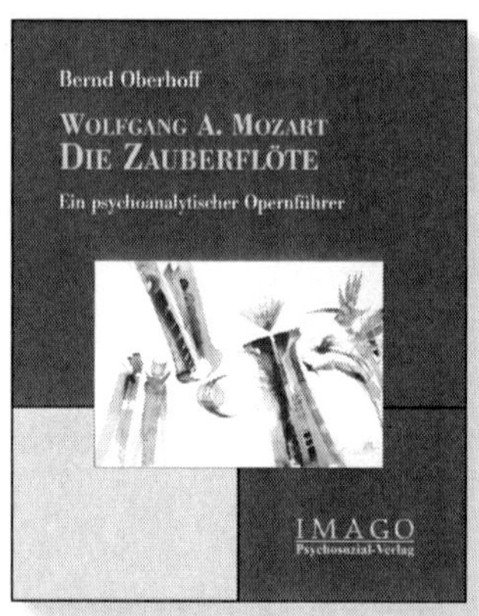

2006
93 Seiten · Broschur
ISBN 978-3-89806-270-1

Mozarts Oper »Die Zauberflöte« hat die Initiation des jugendlichen Tamino und seiner Geliebten Pamina in die Welt der Erwachsenen zum Thema. Doch unterhalb dieses Initiationsgeschehens lässt das Musikdrama den Zuschauer auf einer zweiten Sinnebene einen verborgenen, unbewussten Inhalt durchleben. Es ist vor allem die geniale Musik Mozarts, die diesen Doppelsinn zum Ausdruck bringt. Die Schlange wird zur Führerin in das Reich des Unbewussten, wo ein dramatischer frühkindlicher Konflikt auf seine Lösung wartet.

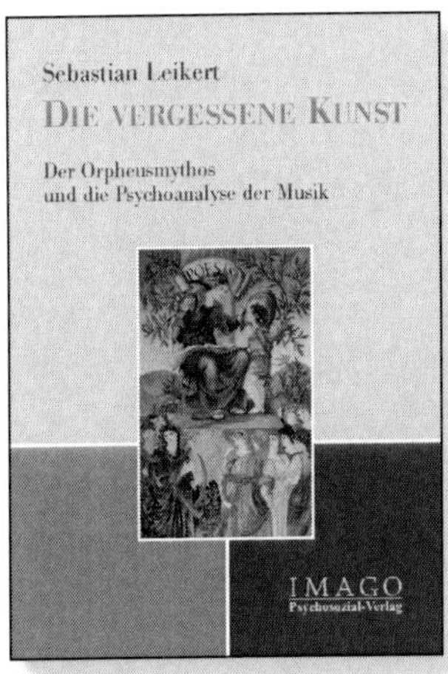

2005
175 Seiten · Broschur
ISBN 978-3-89806-476-7

Sebastian Leikert entwickelt in diesem Buch eine umfassende psychoanalytische Theorie der Musik. Elemente der Musik wie Stimme, Rhythmus und Melodie werden in genetischer und linguistischer Perspektive befragt. Der Orpheusmythos bildet die Grundlage einer Interpretation dessen, was sich in der Musik vollzieht. In detaillierten Untersuchungen zum »Wohltemperierten Klavier« von J. S. Bach, zum Schlusssatz der »9. Sinfonie« von Beethoven und zu Verdis »La Traviata« werden nun Tiefendimensionen erkennbar, die bisher verschlossen blieben. Kapitel zur Musik der Sprache runden das Buch ab. Mit Bezügen zu Lacan zeigt Leikert mit seinen Untersuchungen, dass es möglich ist, unbewusste Sinnstrukturen musikalischer Werke bis ins Detail offenzulegen.

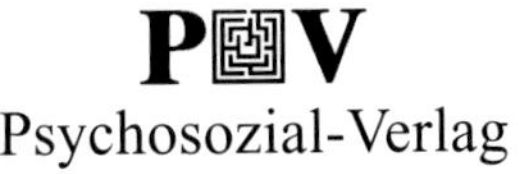

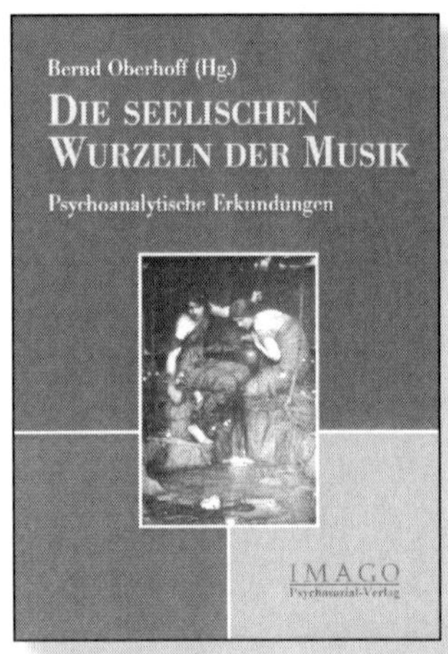

2005
155 Seiten · Broschur
ISBN 978-3-89806-280-0

Das Verlangen nach Musik geht auf Erfahrungen aus der Fötalzeit zurück, in der ein sensorisches Erleben von körperlichen und von stimmlichen Reizen eine grundlegende musikalische Kompetenz ausbildet. Diese erfährt ihre erste Anwendung in der vorsprachlichen Kommunikation des Säuglings mit der Primärperson. Die Beiträger des »4. Coesfelder Symposium Musik & Psyche« – Michael B. Buchholz, Ludwig Janus, Sebastian Leikert und Bernd Oberhoff – untersuchen die Ursprünge unserer musikalischen Fähigkeiten.